ꜱ Walfrido López González ꜱ

El libro de los gatos

Historias y consejos para su cuidado

El libro de los gatos
© Walfrido López González, 2015

Quarzo

D. R. © Editorial Lectorum, S. A. de C. V., 2015
Batalla de Casa Blanca, Manzana 147 A, Lote 1621
Col. Leyes de Reforma, 3a. Sección
C. P. 09310, México D. F.
Tel. 5581 3202
www.lectorum.com.mx
ventas@lectorum.com.mx

Primera edición: febrero de 2015
ISBN: 978-1537461977

D. R. © Fotografía de portada: Shutterstock®
D. R. © Portada e interiores: Angélica Irene Carmona Bistráin

El gato en la zoología

La existencia del gato sobre la faz de la Tierra es conocida hace más de 40 siglos; todo rasgo de civilización en cualquier punto cardinal del planeta hace referencias de su existencia y, al parecer, por restos aparecidos que datan del plioceno —hace unos cuatro millones de años— ha sido especie sempiterna. Así, hay gatos desde que surgió la vida animal sobre el planeta. Y los habrá *per saeculum saeculorum*, que quiere decir *por los siglos de los siglos.*

Los zoólogos lo ubican como parte de la familia *Felinidae*, género *Felis* con varias especies poco diferenciadas entre sí.

1

Pese a su condición de mascota doméstica desde su acercamiento a la familia humana, docilidad y su casi mística existencia, el gato pertenece al mismo grupo zoológico que los grandes felinos: león, jaguar, tigre, leopardo y todo aquel que realmente sea una fiera; es decir, un animal con uñas retráctiles, fuertes y poderosas que emplean como arma de ataque o defensa y que en conjunto conforman la garra. Precisamente el término fierecilla utilizado por William Shakespeare en su obra literaria "La fierecilla domada" necesariamente lo asoció a una mascota que, dormida sobre sus piernas, quizá le ayudó en su inmortal labor creativa.

El género *Felis* se caracteriza por su piel suave y brillante; marcha segura sobre la punta de las patas, agilidad innata a su condición de cazador, ojos vivaces poco adaptados a la vida diurna y una extraordinaria capacidad auditiva. A este género pertenece una veintena de especies, algunas muy populares, como el lince (*F. linx*), el puma (*F. concolo*), el ocelote (*F. pardalis*) y otras menos conocidas, como los gatos margay de las pampas; el gato kodky y otros que podrían cansar a mis tolerantes lectores.

Panthera onca.

2

Linneo clasificó como *Felis catus* por igual al gato hogareño y al que maúlla sobre los tejados, mientras que Schreber denominó *F. silvestris* a los que habitan en montes, páramos, desiertos y selvas. Durante mucho tiempo existieron tales discrepancias en la determinación exacta del nombre de la especie, hasta que la Comisión Internacional de Nomenclatura Zoológica (2003) puso fin a la discordia taxonómica al determinar la existencia de dos especies: la silvestre y la doméstica. Así, *Felis catus* (Linneo) es el minino que vive en su hogar, en tanto *F. silvestris* (Schreber) son... los demás gatos.

Hace más de tres décadas, al andar por las tierras de la pequeña isla de Socotra, situada a medio mar entre el norte de Somalia y el sur de Yemen, tuve la oportunidad de ver al llamado gato de las arenas (*F. margarita*), animal con un poder de adaptación asombroso que ha hecho del dátil su base alimenticia. Allí pude presenciar una cirugía mediante la cual se le extrae el *booster* acumulado en el fundus del estómago, base de los famosos perfumes que se elaboran en toda Arabia.

La técnica quirúrgica consiste en inmovilizar al felino con sus cuatro extremidades extendidas y atadas a los extremos de una mesa rústica y, luego, con una cuchilla abrir su estómago, extraer el preciado contenido para terminar suturando con *catgut* el estómago y seda en la piel, todo ello sin anestesiar, lo que el lector concebirá como cruento y con altos índices de mortalidad.

En lo primero coincidimos, pero en lo segundo —la mortalidad— de manera asombrosa escasamente ocurre. Son muchas las ocasiones en que el gato apenas conserva restos en su estómago... la operación anterior se realizó poco tiempo atrás. Secretos insondables de la naturaleza.

3

Los zoólogos prestan especial atención al gato africano (*F. lybica*), al cual consideran una subespecie. Es algo mayor que el gato doméstico y cazador de vida diurna, algo inusual para la especie.

De África son el gran gato de Abisinia, al que atribuyen una gran inteligencia y poderes sobrenaturales que lo asocian al gran gato sagrado de Egipto.

Asia es una de las regiones con más representantes actuales de nuestros queridos amigos, entre los que sobresalen: el siamés, cuya figura siempre guarda la ingenuidad de un juguete *made in* Tailandia; el persa, animal que requiere del peinado diario, siendo el gato más numeroso en las exposiciones de cualquier país; el balinés, simpático y cuyo andar y jugueteo constante nos recuerda las famosas bailarinas de esa isla; el gato de Angora, el diminuto *bobtail* japonés, el gato sagrado de Birmania, muy de moda entre los gateros del mundo.

Y pese a no contar con gatos autóctonos, Europa posee actualmente numerosas razas ya establecidas: el gato chartreux, conocido en Francia desde el siglo XVI con ese aspecto bonachón y gran resistencia al dolor; el gato de la isla inglesa de Manx, un anuro (sin cola) cuyas extremidades posteriores son más largas que las anteriores, de tal modo que al caminar su trasero se muestra ante nuestros ojos exhibiendo *lo suyo* de forma impúdica y muy simpática... nos recuerda un conejo. Inglés también es el gato azul, cuyo porte y elegancia tienen el *touch of distintion* tradicional de las *ladies* y *gentlemen* del Albión victoriano.

Especial atención merece el gato Synph, raza de felinos carente de pelo y cuya casual aparición en Canadá atrajo tantos periodistas que casi conspira contra la Exposición Mundial de Toronto de 1967.

Cuba es país de muchos gatos y pocas razas. La cantidad de la población felina cubana se enmarca dentro de los pelicortos y semilargos cubanos. Ya dialogaremos acerca de ellos más adelante.

Los gatos y los hombres en la historia

De cómo se acercaron los cánidos al hombre primitivo sería algo más fácil de explicar que cómo se acercaron los gatos.

Pensemos en el hombre y el perro, en la mutua necesidad de comer carne e igual instinto cazador: así, aunaron fuerzas para acorralar a la presa que posteriormente compartían. Después vendría la domesticación, el cariño, etcétera.

Se dice que Remo y Rómulo, pareja de hermanos amamantados por una loba, adquirieron tanto valor, fuerza y talento que fundaron la ciudad de Roma, la eterna capital de Italia.

He visto muchas veces a personas mostrando con orgullo cachorros de fieras, jugando con ellas como inofensivas criaturas; pese a ello, no puedo imaginar a un león, jaguar, tigre o leopardo como amigo del hombre. Cada año se reportan decenas de ataques de fieras a humanos en África e India y en parques zoológicos y circos de todo el mundo. Tengo una anécdota al respecto: En Güáimaro, pequeña ciudad de la provincia de Camagüey (unos 700 kilómetros al este de La Habana), alguien había tomado bajo su tutela a un cachorrito de león que crió suelto en la casa y jugando como si fuera un gatito con las personas que entraban y salían en ese hogar a diario, a la usanza de todos los poblados de Latinoamérica. Aquel leoncito era orgullo del poblado. Pero fue creciendo.

El 1 de mayo de 1992, como parte de las fiestas por el Día Internacional del Trabajo, en medio de niños, jóvenes y adultos desfiló junto a su orgulloso amo, así, sin necesidad de aditamento protector alguno sobre el hocico. Al final regresó a casa colmado de vítores y aplausos más propios de un artista que de una fiera en ciernes.

Mascota peligrosa.

Al arribar a casa una señora saludó al felino como a diario lo hacía: con un cariño-so "tapabocas". Ahí cambió todo: en un santiamén el animal respondío con mor-dida y le amputó dos dedos. De inmediato se lanzó sobre la mujer, que no salía de su asombro. Y ante los ojos atónitos de una docena de personas el león daba rienda suelta a su feroz instinto primitivo. Ni siquiera su encargado se atrevía a interceder en aquel dantesco espectáculo cuyo final el lector comprenderá cuál hubiera sido sin la intervención de mi amiga Zulema, mujer de armas tomar que lo agarró por la piel del cuello y logró separarlo de su presa que, presta, escapó de su alcance. Nadie se acercaba hasta que un disparo puso fin al incidente, conocido por muchos güaimarenses vivos, porque sucedió hace apenas quince años.

Final de novela brasileña: la señora se trasladó a La Habana y tardó meses en sanar de sus heridas, Zulema se casó con el hijo de ésta, le dio nietos hermosos y ahora todos viven felices muy cerca de la clínica veterinaria de Centro Habana. Moraleja: a la fiesta de los caramelos no pueden ir los bombones.

Y conste que los habaneros adoramos a los leones y forman parte de los símbolos de la ciudad. Así, los hay de cemento en los parques, de bronce en el Paseo del Prado y en la bandera del equipo de béisbol Industriales, representante habanero en la liga nacional.

La leona devora su ración de carne. Jardín Zoológico de La Habana.

Retomemos los hilos del asunto: lo cierto es que el hombre y el gato aparecen formando un binomio indivisible desde los albores de la humanidad. Ya lo quería con esa casi devoción que, pasados 40 siglos, los veterinarios podemos apreciar en nuestros clientes cuando su gato enferma.

Algunos aseguran que el gato se acercó al hombre después del surgimiento de comunidades agrícolas, porque almacenes de granos atraen ratas…, y ratas atraen a gatos. Una parte comprensible de la cadena biológica.

El hombre, el ser viviente más inteligente que ha existido y existirá sobre la Tierra, pronto comprendió la utilidad del felino y cuando acababan con las plagas de roedores comenzó a suministrarle carne para que no abandonaran el territorio y alejaran nuevas incursiones de roedores. Lo demás vendría después: verse de vez en cuando pasó a serlo casi a diario, luego a diario…, una caricia y comenzó ese intercambio de bondades tan conocido entre el hombre y el gato.

Los historiadores exponen que se trataba de gatos silvestres amansados, con pocas diferencias con relación al gato domesticado de hoy.

El antiguo Egipto, cuna de grandes civilizaciones, fue testigo de un culto desmesurado al gato, al cual asociaban con dioses, inteligencia muy lúcida, sagacidad y otras cualidades, al punto que reyes y faraones se declaraban sus descendientes directos.

Se dice que la reina Cleopatra (60-30 a. C.) los idolatraba e imitaba su astucia y sagacidad, en particular con aquella mirada mística que cautivó por igual a los romanos Cayo Julio César y Marco Antonio, convirtiéndolos en los conquistadores-conquistados más famosos de la historia.

Precisamente era a través de esos ojos de felino como la diosa Bastet (que creían vivía en el cuerpo de los gatos) escrutaba el alma de los hombres, controlando sus acciones.

También se creía que Ra, dios del sol, adoptaba la figura de un gato cuando descendía a la Tierra. En lo personal, he vivido en esa zona del mundo y conozco la facilidad con que los roedores proliferan allí; así, pienso, adoraban a los felinos porque, amén del cariño que un buen gato profesa e inspira, salvaguardaban sus graneros de las ratas.

En la antigua Heliópolis los dioses eran representados con rostro de gato, en tanto las pupilas de su estatua, que dominaba el templo, habían sido diseñadas de tal modo que se dilatasen o encogiesen según la posición del sol, permitiendo así determinar las distintas fases del día. Curiosamente se dice que en algunas regiones de China esta faceta se ha llevado a la práctica y han aprendido a utilizar a los gatos como auténticos relojes vivientes, dado que calculan la hora basándose en el tamaño de sus pupilas.

Siempre se pensó que fueron los egipcios quienes domesticaron a los gatos primero, pero excavaciones realizadas en Grecia (1992) demostraron mediante sus hallazgos que la unión del hombre y el gato en esa zona del mundo es anterior a lo conocido en el país norteafricano.

En casi todas las civilizaciones antiguas con la muerte del amo venía el sacrificio de su gato, al que se le sepultaba en una fosa próxima. Desde entonces y hasta los días que escribo estas siempre apuradas cuartillas el gato ha sido una propiedad individual, casi intransferible.

Amigo fiel.

De hecho, se han descubierto muchas piedras grabadas con imágenes de gatos salvajes y otros animales en Asia Occidental que se remontan a los principios del periodo neolítico. Los autores de ese trabajo consideran que tales artefactos son evidencias de que los animales tenían una importancia espiritual para las personas, pese a que no está clara la naturaleza exacta de este tipo de relación.

El gato doméstico era también conocido y venerado en la América precolombina. Así lo confirman cerámicas muy antiguas encontradas en Perú, procedentes de poblaciones primitivas anteriores a la civilización inca. Incluso esta civilización también rendía culto a los gatos sagrados, lo que está confirmado por medio de obras de arte precolombino, demostrándose con ello que ya había gatos en América antes de la llegada de Cristóbal Colón.

Y de África, lo que puede resultar sorprendente: después de realizarse estudios de anatomía comparada se ha llegado a la conclusión de que el gato doméstico actual desciende del gato leonado (*Felis lybica*), especie salvaje de África central y septentrional.

En fin, son 90 siglos de abrazos y encontronazos entre el hombre y el gato, porque, amigo lector, con el gato no hay términos medios: lo amas o lo odias.

No es de extrañar que durante la Edad Media, etapa de la historia con manifiesto retroceso social, la inquisición viera en el pequeño felino a un amigo de las brujas, de la noche, del diablo.

Ayer, símbolo de hechicería; hoy, de la belleza pura.

Las cosas comenzaron a ponerse mal para nuestros amigos maulladores y sus dueños a finales del siglo x y tomaron un vuelo mayor cuando el papa Gregorio IX lanzó una bula (1239) en la que se enunciaba que los herejes adoraban al demonio en forma de gato, lo que dio lugar a una persecución que se prolongaría durante varios siglos.

Se preconizaba al gato como buen amigo de los renegados y "como el amigo de mi enemigo, también enemigo mío es"... la emprendieron contra estos hombres y los gatos.

Si Giordano Bruno, Savonarola, Juan Huss, Miguel Serviat, entre otras grandes figuras de la humanidad, fueron perseguidos o quemados en la hoguera a causa de su disidencia de las ideas establecidas, junto a ellos se achicharraron miles, quizá millones de gatos.

Piense el lector que la simple posesión de un gato bastaba para acusar a una persona de brujería; y si además era un gato negro, la condena era segura.

Se desarrollaron verdaderos programas de exterminio del gato que permanecieron vigentes hasta la llegada del siglo xv. En algunas ciudades existía un día especial dedicado al rito de incinerar gatos vivos. En Inglaterra, Francia y Alemania, en el Día de Todos los Santos, se iniciaban las fiestas populares con la quema de cajas y sacos llenos de gatos vivos. Hasta juegos infantiles de cómo matar un gato, la Cena del Diablo, donde se comía sólo gatos..., hasta recompensas monetarias por cada gato capturado. ¡El copón divino contra los gatos!

A pesar de tanto acoso durante casi dos siglos, el gato sobrevivió al odio y la desidia que se desatan cuando las sociedades decadentes buscan un enemigo a quien culpar de sus fracasos. Y como todo tiene un final, los gatos dejaron de ser perseguidos... y pasaron a ser las estrellas salvadoras de la sociedad europea medieval. ¿Por qué?

Llegó la peste bubónica, cuyo agente causante se transmitía por pulgas, que vivían (viven) en ratas, ratones y roedores de todo tipo. Y si disminuye la población felina... aumenta la población de ratas, ratones y otras sabandijas. Pueblos y ciudades se vieron invadidos por legiones de ratas hambrientas que acababan con los granos sembrados y esparcían por doquier el bacilo de la peste. Se dice que durante la pandemia la población europea disminuyó en una tercera parte. Incluso hay relatos espeluznantes de niños y ancianos atacados por tribus de ratas hambrientas.

Todos sabían que el gato es enemigo biológico de los roedores y... ¡A criar gatos se ha dicho! En pocas palabras: a punto de extinción, el gato se salvó a sí mismo.

Si bien Lord Byron —el gran poeta inglés a quien se atribuye la conocida frase: "Mientras más conozco al hombre, más quiero a mi perro"— es reconocido como el más célebre europeo amigo de los canes, en el caso de los gatos la gloria pertenece a un personaje muy polémico, rodeado de una aureola de intrigas cortesanas: Armando Juan du Plessis, más conocido como el cardenal Richeliu (1585-1642), ministro de Guerra de Luis XVIII, quien adoraba a los gatos.

Se dice que siempre mantenía uno pequeño entre sus manos que era remplazado por otro cuando crecía, llegando a tener casi una veintena bajo la custodia de dos cuidadores oficiales a los que dejó, en testamento, una cifra considerable para que preservaran sus mininos una vez que muriera.

Así fue, pero con el contratiempo de que, a su muerte, la guardia real realizó una carnicería gatuna de la que sólo unos pocos lograron salvarse.

A partir de estas circunstancias, desde el campesino hasta la nobleza, todos querían tener un gato en su casa, caserón o castillo que los librara de visitantes indeseables.

En la Inglaterra de mediados del siglo XVII raro era el hogar que no tuviera un gato bajo su tutela y más o menos esa norma regía en Francia y Alemania, costumbre que nunca más dio marcha atrás en la historia. Otros países (Bélgica, Holanda, Suiza) tomaron el mismo derrotero y hoy cuentan con una población felina millonaria.

Actualmente en Norteamérica y Europa existen, al menos, tantos gatos como perros. (A. Edney, 2002)

En la Cuba precolombina no había gatos. Fueron traídos como animales acompañantes de los tantos emigrados europeos que arribaron al país desde los albores de la colonización hasta mediados del siglo pasado.

Gatos de todos los tamaños, pelajes y colores; gatos barcinos, tortugas y mariposas; gatos ariscos, dóciles, huraños y amistosos; gatos gordos, lerdos y siempre descansados o flacos como flecos de papel llegaron para quedarse en esta ínsula de amplia luz, sol brillante y calor sofocante, cuyo clima es ideal para su desarrollo y proliferación, logrando una multiplicación asombrosa, lo mismo en ciudades que en áreas rurales.

Los cubanos —y muy en especial los habaneros— aceptaron de buena gana la costumbre de criar gatos, pero a su manera: comida en la escudilla, agua en un pozuelo y lo demás es de todos conocido: duermen a la intemperie, disfrutan cada noche de los placeres de una reunión gatuna y con los primeros rayos de sol se hacen ver en ese sitio donde la mano amiga tiende protección y ayuda alimentaria. Así, un poco arrabaleros, un poco domiciliados, son los gatos cubanos.

El más ilustre criador de gatos en la historia de Cuba fue un norteamericano radicado en la isla por más de 30 años. Su nombre es mundialmente conocido: Ernest Hemingway.

En su "Finca Vigía" (unos 20 kilómetros al este de la ciudad) gustaba criarlos en vida libertina, que disfrutaran de los placeres diarios y volvieran a casa donde siempre les aguardaba una comida suculenta y nutritiva. En lo personal, pienso, sus gatos eran réplicas de su propia existencia: laboriosa, bohemia, aventurera y afortunada.

Ernest Hemingway era un gran amante de los gatos.

Cristiano Loco (Christian Crazy), uno de sus gatos favoritos, murió como consecuencia de golpes y heridas recibidas en una de esas bataholas gatunas por la posesión de una hembra.

El famoso escritor, que era algo supersticioso, lo enterró en el patio junto con otros que habían muerto antes. Las lápidas de mármol que aún se conservan al final de la piscina son de sus perros.

Poco conocido es un poema dedicado a su felino amigo:

> Hubo un gato que se llamaba *Cristiano Loco*
> que no vivió lo suficiente para retorcerse
> tenía un corazón alegre, joven y bello
> y conocía todos los secretos de la vida.
> Siempre llegaba a tiempo para desayunar
> corría por tus pies persiguiendo una pelota

era más rápido que un pony de polo.
Su cola era un penacho que corría con él.
Era más negro que la noche y más rápido que la luz.
Así que los gatos malos lo mataron en otoño.

La crianza del gato entre europeos y cubanos tiene puntos coincidentes y puntos divergentes. Por ejemplo, los europeos castran a los machos apenas los primeros chorritos de orina son lanzados contra una pared. A pocos en Cuba les gusta castrar el gato. Más simple: lo sacan de la vivienda; a los europeos les gusta ese gato que se regodea caminando entre las piernas, reclamando ser cargado; los cubanos prefieren el gato de vida independiente, que rápido entra y sale del hogar; el que en cuanto come vuelve a sus andanzas gatunas en patios y azoteas, sin ese contacto físico que suele existir entre el amo y su mascota. Tal como dijo Einstein: "Si cruzáramos al gato con el hombre mejoraríamos al hombre y afectaríamos al gato."

Pero las cosas han cambiado, porque las sociedades evolucionan en su manera de pensar y actuar. En la actualidad casi 10% de los pacientes que acuden a las clínicas veterinarias de La Habana son gatos, en su casi totalidad llevados por personas jóvenes.

La Asociación Cubana de Aficionados a los Gatos (ACAG) fue fundada en 1992 e inscrita en el Ministerio de Justicia ese mismo año.

Gato corriente de Cuba.

Una de sus tareas de choque iniciales fue concientizar a la población de cuán beneficioso era el gato como animal de combate a las ratas, ratones y alimañas de todo tipo para que no los comieran ¡sí, para que no los comieran!, hábito que comenzaba a cobrar fuerza y que, gracias al trabajo de muchas personas, nunca arraigó en nuestro país.

Pronto su plataforma se amplió y ese mismo año se celebró la primera exposición felina del país, en medio de la depresión económica ocasionada por la disolución de la Unión Soviética y los países socialistas de Europa Oriental.

El evento, aunque sólo fue expositivo, constituyó un gran reto para sus organizadores y mirándolo desde cualquier punto de vista fue un éxito porque abrió caminos nunca antes transitados por los amigos del gato en nuestro país. ¡Que son muchos!

Posteriormente se celebraron siete eventos de este tipo: 1996, 1998, 1999, 2001, 2002, 2005 y 2006.

En espera de la competencia.

La Expo Felina 2006 contó con muchos participantes y público asistente. Se celebró en la Sala Deportiva Kid Chocolate, regia instalación situada en el corazón de la ciudad e inaugurada con ocasión de los Juegos Deportivos Panamericanos de 1991.

Por primera vez entraron en vigor los reglamentos para el otorgamiento de premios. Compitieron ocho razas, entre ellas la bengalí, entonces recién introducida en Cuba.

16

Estas exposiciones anuales promueven, más allá de nuevos criadores, una pauta a seguir para los que tienen un pequeño felino bajo su cuidado.

A lo largo de sus 15 años de vida la ACAG acumula logros y aciertos decorosos para cualquier grupo social de corte ecologista, entre los que sobresale la campaña masiva de esterilización que sostiene sólo Dios sabe cómo.

En lo personal considero que quizá su mayor logro sea la capacidad de convocatoria para ubicar un gatito sobrante o no deseado por su dueño en otro hogar.

La página web de esta Organización No Gubernamental (ONG) cuenta entre sus propósitos la mejora genética de las razas existentes.

Se describen seis razas en nuestra isla: pelos cortos y semilargos, oriental, persa y exótico, bengalí, birmana y siamesa, ahora denominada Thai por la Federación Mundial del Gato.

Los pelicortos y semilargos son razas similares que en lo único que difieren es en el largo del pelo. Son fuertes, musculosos, bien balanceados, poderosos, resistentes y ágiles.

Cabeza grande y rectangular con cachetes llenos, hocico cuadrado y expresión dulce y abierta. Existen en todos los colores y patrones. Son los gatos más abundantes de Cuba y se les puede encontrar en todos los confines del país. El doctor René Uriarte, presidente de ACAG, dice en referencia a los pelicortos: "No cabe duda que llegaron con las carabelas españolas y los peregrinos americanos. Es el gato por antonomasia" (Uriarte, 2007).

Un trabajo sostenido con el gato pelicorto realizado por aficionados de Norteamérica y Brasil permitió la tipificación del pelicorto norteamericano y el pelicorto brasileño. Ambos fueron reconocidos por la Federación Mundial de Gatos (WCF). "En Cuba es un trabajo que queda por hacer y es tarea de nuestra asociación emprenderlo como una prioridad" (Uriarte, 2007).

El gato siamés es originario del Reino de Siam (actual Tailandia), de donde fue llevado a Europa en el siglo XIX. "Existen dos tipos de siameses: los tradicionales o clásicos, más robustos, y los modernos, más estilizados. A los tradicionales también se les llama thai y son los que existen en nuestro país" (Uriarte, 2002).

Cuentan con una cabeza redondeada o ligeramente triangular, ancha y sin planos chatos. Se distinguen por el color azul de sus ojos y cierta coloración oscura, desde un café hasta un chocolate, en cara, patas y cola, lo que les confiere un aspecto muy agradable. Son muy activos, juguetones y no dejan dormir a los vecinos en esas noches que están para lo suyo. Son queridos por los aficionados cubanos y admirados por el público en general. Se cuentan por miles en las ciudades y cualquier punto de la geografía nacional. Constituyen más de 98% de todos los gatos de raza pura existentes en Cuba.

Persa y exótica. También son razas hermanas porque poseen las mismas características corporales, diferenciándose sólo en el largo de los pelos. En el persa, largo y sedoso; en el exótico, corto y grueso.

De cabeza redonda, cráneo ancho y nariz chata y ancha, combinados con ojos grandes, redondos y brillantes que le confieren una elegancia sin par, constituyen el mayor número de ejemplares en cualquier exposición felina del mundo. En Cuba su población actual es reducida y, también son la atracción mayor en cualquier evento de felinos.

Si bien la existencia de este tigrecillo corrió peligro a inicios del Periodo Especial, cuando la gatofagia nació en algunas personas, hoy florece como especie y como mascota de esta isla llena de gente buena, que ama los animales del hogar, del patio y del traspatio.

La anatomía perfecta

El gato es un animal donde la elegancia y distinción, agilidad y valentía, inteligencia y sagacidad se aúnan en un todo único para dar origen a una de las maravillas vivientes de la naturaleza. De lo único que adolece es de la fuerza, cualidad presente en otras especies domesticadas por el hombre, como los caballos, reses y perros, aunque, la pura verdad no la necesita.

Todos hemos visto gatos caminando por aleros muy estrechos; dormitar echados sobre una alta y delgada rama de un árbol; saltar entre uno y otro tejado o simplemente dar un salto sin impulso alguno y caer desde más de metro y medio de altura. Esto sólo es posible porque toda su anatomía está en función de su *modus vivendi*: la de cazador por instinto en el hogar y en la vida silvestre por necesidad.

Su esqueleto consta de 233 huesos —el hombre tiene 206—, casi todos de poco peso y volumen en los que el tejido compacto prevalece sobre el esponjoso, lo cual le confiere la resistencia necesaria a su estilo de vida, siempre con saltos y caídas, vigilia y persecuciones, unas veces detrás de la presa, otras, delante de un enemigo depredador.

Las extremidades anteriores constan de húmero, cúbito-radio, carpo, metacarpo y dedos, los mismos huesos presentes en otros mamíferos.

A diferencia del hombre, carece de clavícula, don que le favorece para contrarrestar el efecto de caídas desde grandes alturas; cuenta con un movimiento universal de las manos en todos los sentidos y, lo que es más importante, puede estrechar su perímetro torácico y pasar por espacios muy reducidos, lo cual asombra a nuestros ojos y razonamiento.

La extremidad posterior consta de fémur, tibia-peroné, tarso, metatarso y dedos. La rótula está poco desarrollada.

Los huesos de las extremidades se adaptan a la perfección para la ejecución de saltos y caídas. Así, observamos que el húmero y el fémur, a diferencia del perro, son más cortos que el radio y la tibia. Ambos están desarrollados por completo y corren a todo lo largo de sus pares del antebrazo y la pierna.

La mano y el pie son peculiares, pues si en otros carnívoros el cuerpo descansa sobre éstos (plantígrados), en los felinos se distribuye a lo largo de remos y extremidades posteriores, terminando en la punta de los dedos (digitígrado), dotados de una uña desarrollada, especial para inmovilizar la presa y comer con ese placer tan felino que todos envidiamos. Las uñas también le permiten defenderse y atacar, escalar árboles y todo tipo de elevación donde pueda hundirlas y afianzarse contra paredes verticales, postes y las cortinas hogareñas hasta romperlas, algo que bien puede, por igual, hacernos reír o meditar si continuamos con el gato en casa, aptitud insultante al hogar la cual ha tenido como respuesta la *operación privativa de la garra*, algo criminal de lo que nos ocuparemos más adelante.

Las almohadillas plantares y palmares le ayudan a afianzarse sobre el suelo y, en caso necesario, acelerar la marcha, saltar bruscamente o frenar rápido si un obstáculo imprevisto impide su avance.

La columna vertebral consta de 44-58 vértebras (siete cervicales, 13 torácicas, siete lumbares, tres sacras y 14-28 coccígeas forman la cola). Su mayor flexibilidad se atribuye, además del número de vértebras, a que sus articulaciones intervertebrales tienen un movimiento casi universal, permitiendo su arqueamiento ora hacia arriba, ora hacia abajo o hacia los lados como en ninguna otra especie doméstica.

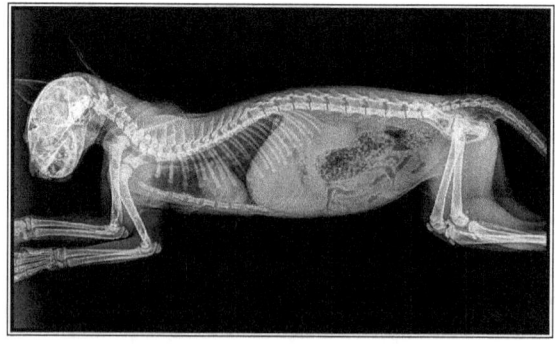

Radiografía del sistema óseo del gato.

El cráneo suele ser acorde con la fisonomía. En los gatos de tipo robusto, como el persa, el cráneo es casi redondo y le acompañan extremidades cortas y gruesas que soportan un cuerpo pesado. En los de tipo musculoso la cabeza, algo redondeada, será ni larga ni corta, como también lo son sus extremidades y, por último, los gatos armoniosos, de patas finas y largas, musculatura y ancho de espaldas breve pero potente que equilibran con una cola alargada en una cabeza pequeña triangular cuyo frente conforma un triángulo isósceles que tiene la frente como base.

La musculatura, siempre proporcionada, se adapta a la fortaleza y estructura del esqueleto, dando a este animal la ligereza necesaria para su grácil andar con un mínimo gasto de energía y así poder reservar toda su potencia para ser utilizada en el momento oportuno, en específico para la caza o la defensa ante un ataque. Así, al caminar alterna el apoyo de una extremidad anterior y la posterior opuesta, manteniendo cierto grado de encogimiento en la columna vertebral.

El cuerpo se estira a medida que gana velocidad. La aceleración en la marcha obedece más a este alargamiento que al número de veces que apoya las extremidades, como los velocistas de distancias cortas, con lo que logran alcanzar velocidades superiores a los 50 kilómetros por hora.

Quetelec dijo que el desarrollo de los elementos óseos determina el de los grupos musculares. Así, vemos en nuestra mascota hombros casi nulos y el complejo carnoso muslo-nalga poco desarrollado. Si es mujer y alguien le dice que tiene piernas como jamón de gato, siéntase ofendida.

Pese a todo lo anterior, nuestros gatos ya adultos pasan la mayor parte del tiempo reposando, como evitando gastar energías inútilmente y sus periódicos estiramientos son vistos como ejercicios para mantener su cuerpo siempre sano y preparado para cualquier contingencia.

La dentadura consta de 30 filosos dientes de forma piramidal (14 superiores y 16 inferiores), todos especializados en cortar carne, con molares más dados a la trituración que a la masticación. Tal conformación le permite clavar sus dientes sobre la presa y desarticular el cuello o cualquier otra parte de la columna vertebral en la primera mordida.

La fórmula dentaria incluye los maxilares superior e inferior:

$$2 \ (I \ 3/3 \ C \ 2/2 \ PM \ 3/2 \ M \ 1/1)$$

Donde:
I = Incisivos
C = Caninos
PM = Premolares
M = Molares

El ojo consta de las mismas estructuras anatómicas presentes en otros mamíferos, con la peculiaridad de estar adaptado para las funciones de la caza: vigilia, detección de la víctima, medición de distancia hasta la presa, etcétera. Así, su forma es menos redondeada y pequeña que la del humano; el diámetro de la pupila regula la entrada de luz, salvaguardando la retina de un exceso de la misma, a lo que contribuye un cristalino con músculos que se dilatan o contraen y un ángulo palpebral en armonías perfectas.

Durante el día la pupila se mantiene casi cerrada, dando la imagen de una pequeña línea en medio del cristalino y en su conjunto un ojo semicerrado. En el transcurso del día todo cambia, mientras que en la oscuridad de la noche la pupila se dilata en su totalidad y resalta los ojos siempre hermosos de este animal, ya en condiciones de ver a cuanta presa le sea posible capturar. No cabe duda: el gato es un animal cazador de hábitos nocturnos porque los roedores, serpientes, pequeños batracios, polluelos y otros animalitos que constituyen su espectro de víctimas son más fáciles de capturar con ausencia de luz.

La amplitud del campo visual felino es, quizá, su condición de cazador más *sui generis*. Gracias a esta cualidad un gato observa frente a sí en un ángulo de 285 grados, mayor al del perro (250) y muy superior al del hombre (210). En ello intervienen los músculos del cuello, de la cabeza y los elevadores del globo ocular.

En la práctica, lo único del campo visual que el gatono puede apreciar es su propia nuca.

La oreja está perfectamente acondicionada a la vida del cazador, siendo capaz de escuchar la procedencia del sonido con 75% de precisión. Está dotada de un conjunto de pequeños músculos que le permiten una orientación rápida cuando la presa varía su posición. Lastimosamente su alta eficiencia auditiva disminuye pronto y entre los cuatro y cinco años pierde más de 50 % de efectividad. En la vejez la sordera es una condición casi constante.

El olfato del gato está extraordinariamente desarrollado, siendo capaz de percibir por igual el olor de una presa o de un enemigo. Su paladar supera al más refinado comensal de una cocina gourmet, siendo capaz de detectar la carne o el pescado en mal estado por muy leve que sea la degradación proteica. No son pocas las personas en este mundo de perversidades que dan parte de su ración al gato, no por cariño, sino para determinar si está o no envenenada. Aunque le quepan dudas al amigo lector, escribo con conocimiento de causa.

Si conjugamos estas cualidades anatómicas con el peso medio de un gato doméstico (2.5-5 kg) y su tamaño (35 cm de alzada y 45 cm de la cabeza al nacimiento de la cola) se puede comenzar a concebir la creación divina; creer en la existencia de un escultor universal de las especies que habitan la Tierra.

¿Quiere usted tener un gato?
Le sugiero lo piense bien

Si bien el gato se convirtió en mascota por su utilidad definida de cazar ratas, ratones y otras alimañas, la mayoría de ellos son llevados a casa actualmente sin considerar su cualidad de cazador. Más de 95% de los gatos de hoy viven en hogares sin roedores; un minino alojado en un apartamento de uno de esos edificios de París, Nueva York o La Habana con sólo más de 20 plantas difícilmente verá un ratón a lo largo de su vida y si lo ve el amo podrá agarrarlo con su mano sin temor alguno: es de cartón o de plástico.

El gatito llega a casa con la finalidad de acompañar a la familia. Esa compañía que requiere todo ser humano; alguien en quién depositar la bondad acumulada; una mascota que alimentará en sus amos ese goce de la pura compañía, su pulcritud, admirar la elegancia de su andar y saborear ese regodeo que se siente cuando roza su cuerpo entre nuestros pies. Hay un viejo axioma que resume estos sentimientos:

"Dios creó al gato para que el hombre pudiera acariciar al tigre".

Allí podrá permanecer por 15 años, y en ocasiones hasta 20. *Ma*, una gatita de Devon, Reino Unido, tenía 24 años cuando murió, en 1957; sin embargo, continúa siendo el legendario *Puss*, el más viejo registrado por el libro *Guinnes*. Propiedad de la señora Hologay, también de Devon, que contaba con 36 años al morir, en 1939. Y me atrevo a preguntar al lector: ¿Ha pensado usted en las implicaciones de tener en casa uno de estos mininos comprado, obsequiado, encontrado en dificultades o aparecido en su jardín, por tantos años? Se trata de un ente biológico y como tal requiere de atenciones que, por mínimas que sean, hay que cumplir.

En realidad, existen dos castas sociales de gatos:

Los hogareños y los domiciliados.

El gato hogareño es ése que no sale o apenas sale de casa y ya está de regreso porque ha renunciado a la vida nocturna de riñas y placeres para someterse a su nueva tribu —la familia humana—, que le mima y protege.

Su costo de sostenimiento resulta relativamente accesible a toda persona. En realidad, sólo requiere de poco espacio para el descanso, sitio para una palangana donde pueda depositar las orinas y heces fecales y una escudilla para comer, que debe colmarse de comida, al menos, una vez al día.

Dar cobija hogareña a un gato implica:

» Pelos que vuelan por toda la casa y que se depositan aquí, allí; acá o allá.

» La posibilidad de que pueda arañar un mueble, las cortinas u otro objeto valioso del hogar.

» El masticar de las plantas y un constante escarbar de la tierra en jardines y macetas.

» La posibilidad que arañe o muerda a una persona ajena a la familia.

Tendremos que eliminar sus pulgas y desparasitarlo y vacunarlo. O sea, requerir del veterinario una y otra vez, sin contar con las eventualidades de accidentes por pisadas, heridas, enfermedades funcionales e infecciosas.

Por demás, la orina de los gatos es desagradable y sus pelos, al caer, se esparcen por todos los rincones de la vivienda. Las vacunas son costosas y las visitas del veterinario, también lo son. Y si desea tener más de un gato ¡uf!

En lo personal considero que tener un gato en casa, desde cualquier punto de vista, es una buena opción.

Hay quienes aconsejan mantener una pareja, porque así se entretienen uno al otro, pero tres o más gatos no creo que traigan paz a alguien. Siempre habrá uno en apuros de salud, se fajan por celos y derechos de territorio y se sabe que las poblaciones numerosas en una misma vivienda son presa fácil de las epizootias. No quiero echar pestes de las viviendas donde conviven diez, doce o más gatos.

Quiero decir: hay que invertir poco tiempo y cierta cantidad de dinero en el sostenimiento de un gato hogareño, sin olvidar que una vez enfermo lo mantendrá en vilo todo el tiempo, digo, usted estará junto a su gato enfermo.

Tras casi 40 años al servicio de mascotas hogareñas puedo asegurarle que así será, salvo que usted sea un desalmado. Y si compró este libro con placer, de seguro no lo es.

Si tiene perros guardianes en el hogar o el perro del vecino tiene acceso a su vivienda, será otra preocupación: que no se encuentren *tête a tête* y si es goloso usted puede enfadarse o reír cuando se coma la cena de la familia, pero tendrá que evitar que se engulla el pescado ajeno.

Si se trata de un gato domiciliado —uno de esos animales que derraman su vida plétora sobre techos y azoteas de la barriada y sólo acuden al hogar a ciertas horas del día en busca de alimentos y agua a cambio de unas caricias— le advierto que cuando enferme le costará trabajo llevarlo ante el veterinario por lo casi salvaje de su comportamiento. Y algo terrible: usted no podrá rechazar ese sentimiento que nos embriaga al ver a un animal enfermo o herido que puede ser salvado si es conducido ante el profesional. Y será arañado una y otra vez y quizá reciba una mordida de quien debiera ser un animal agradecido. De eso tenemos experiencia todos lo veterinarios dedicados a la atención de estas mascotas hogareñas. Hace algunos años escribí una crónica en mi columna de la revista *Bohemia*, donde reflejo estos hechos. Allá voy: *Teodora*, una gata arrabalera traída a casa para el combate de ratas, ratones y alimañas de todo tipo, se comió una rueda de esos pargos que hacen la boca agua a cualquier humano. Lo hizo tan a gusto que no diferenció entre masas y espinas enormes.

Entonces sucedió lo posible: un enorme pedazo del espinazo quedó atascado en el orificio posterior de la boca, justo donde inicia el esófago, e Idalmis, que adora a su gata, con el auxilio de unas pinzas de cejas trató de sacarlas sin éxito; a cambio recibió tantos arañazos como nunca imaginó.

Al final tomó la determinación que debía iniciar esta crónica: llevó a su gata ante el veterinario amigo.

Los veterinarios siempre desconfían de relatos que impliquen huesos o espinas trabadas en la garganta, porque el propietario suele confundir estos atascos con dificultades respiratorias originadas en faringe, laringe o tráquea. Por ello siempre preguntan si el animal ha comido, ha tragado, una prueba teórica de que si pasa el alimento o el líquido nada impide su paso, porque nada hay impidiéndolo.

Abrió la boca del felino bajo un potente reflector y, ¡sí!, allí estaba la espina descrita. Y anestesió con la noble ketamina, una anestésica devenida en droga alucinante en 2003, ahora muy difícil de adquirir en Cuba y en cualquier país. ¡No sé qué haremos los veterinarios para trabajar con seguridad quirúrgica!

Transcurridos apenas unos minutos la gata estaba de patas al revés, sin resistencia alguna y con la ayuda de pinzas, en un santiamén se extrajo una pieza enorme de espinazo.

Idalmis y su acompañante lloraron de emoción al ver que su adorada *Teo-dora* se salvó de una muerte casi segura, olvidando los tantos arañazos en manos y brazos ganados por su porfía de querer hacer lo que no saben hacer *come il aut* (como es debido.)

Ya explicado el asunto de marras a mi buen saber y entender, de nuevo pongo la pregunta sobre el tapete: ¿Quiere usted tener un gato? Le sugiero que lo piense bien.

La humanización del gato: ¿bueno o malo?

Para quienes piensan que la humanización del gato se inicia en años recientes y que sólo consta de los tantos mimos —algunos pueden parecer ridículos— que a diario vemos, les manifiesto que están en un rotundo error. El gato siempre ha sido la criatura más humanizada del reino animal.

Adorado por las grandes culturas de la antigüedad, fue humanizado en Egipto, Siam, Grecia y Babilonia, donde reyes y faraones decían ser sus descendientes y de cuyo espíritu habían tomado inteligencia, valentía y temeridad. Le construían monumentos funerarios junto a su propia tumba para que cuando muriera el hombre su gato lo acompañara en el limbo celestial eterno.

Ya en el medioevo y su oscurantismo enfermizo, nuestra pequeña fierecilla también fue humanizada, sólo que, a diferencia de la antigüedad, en esta ocasión sería el ser malvado, amigo de la brujería, la noche y de Lucifer.

En un ensayo magnífico (C. Burnos, 2002) acerca del bosque —centro de la vida económica medieval— y sus animales, podemos leer:

> La imagen del bosque medieval que se desprende habitualmente de las fuentes es, en cambio, la de un lugar temido, habitado por bandidos, bestias y brujos, emparentado a la oscuridad, hogar del lobo feroz. [...] Para representar al mal, al demonio, el hombre medieval tiene un tercer tipo de animales: el gato (Barros C., 2002).

Otra faceta del gato ya integrado a la sociedad es el misticismo que un tiempo breve puede generar en el seno de un grupo de personas. Una pequeña narración nos acerca a este modo de pensar:

> Un relato del jesuita Anthony de Mello habla de un gurú al que cada tarde un gato distraía de su oración. Para evitar esto pidió a sus discípulos que ataran el gato todos los días durante el culto de la tarde. Mucho después

de haber muerto el gurú, seguían atando al gato durante el referido culto. Y cuando el gato murió, llevaron otro gato para poder atarlo durante el culto vespertino (Ruiz Fernández, 2006).

Echar culpas a quien no la tiene (el gato) es algo que lo humaniza por igual que comprarle juguetes y golosinas. El propósito es el mismo; sólo cambia cómo hacerlo, expresión de la coexistencia terrenal del hombre noble y el perverso ayer, hoy y mañana.

En los días que escribo estas cuartillas la gente de todas partes continúa humanizando al gato, unas veces como animal de bondades y virtudes innegables que para algunos ya se concibe sea la mascota del futuro cercano, mientras que para otros sujetos, como criatura perversa capaz de transmitir enfermedades, robar el pescado dispuesto para la cena y morder al amo por un simple regaño. Para bien o para mal, ambas posiciones lo humanizan.

Unos versos de doña Violeta Parra nos recuerdan la naturaleza del hombre y su capacidad de amar u odiar por igual:

...Qué suerte he tenido de nacer
Para saber que el honesto y el perverso,
Son dueños por igual del universo
Aunque tengan distinto parecer...

El hombre de nuestros días brinda a sus animales afectivos un sinnúmero de atenciones nunca antes soñadas: Se venden en las tiendas del gran *jet set* abrigos, lujosos *containers* para la transportación, cadenas con placas de identidad y otros objetos cuyo costo asombra a todos.

Al mismo tiempo, un colega me contaba estupefacto que una clienta le había pedido que fuera a su casa para sacrificar cuatro gatos negros, lo cual debería realizarse como ofrenda de hechicería, de forma lenta, para que el animal sufriera y al morir llevara consigo los males que ella soportaba en carne propia. Mi colega, insultado, la echó de su casa.

Pienso que nadie tiene derecho a criticar al millonario que gasta algunos insignificantes miles en comprar para su gato alhajas o ropas con la firma de Gucci, Chanel, Saint-Laurent o Dior, ni al trabajador medio que al comprar alimentos para su gato invierte un porcentaje considerable de sus ingresos mensuales, de ese salario que nunca satisface sus deseos, expectativas, ni necesidades.

La esterilización del gato: ¿bueno o malo?

El amo de un animal joven que acude ante el veterinario por problemas de salud será atendido como establecen las normas médicas: el profesional escuchará por qué usted concurre a la consulta médica (forma parte de la anamnesia) con esa calma chicha tan propia de la profesión.

Después realizará la exploración clínica, acopiando todo tipo de información que pueda resultarle útil, y de considerarlo necesario indicará exámenes de laboratorio rutinarios o pruebas especiales, bien para esclarecer el diagnóstico, bien para evaluar el grado de afectación de una enfermedad ya diagnosticada.

El episodio de salud puede durar unos días o semanas y al término del mismo el enfermo recuperará la salud o por el contrario.

Si el animal retorna a ser aquel gato juguetón y vivaz que usted tenía en casa le aseguro que su veterinario le dará una perorata acerca de las ventajas de su castración.

Todos actuamos igual porque concebimos en la esterilización del macho o la hembra un margen de seguridad para el animal, la tranquilidad para su propietario y, por qué no decirlo, el equilibrio mental que nos invade cuando aplicamos con eficiencia las buenas normas de conducta médica.

La castración de los felinos es una de las cirugías más comunes en la clínica veterinaria de nuestros días, y en la mayoría de los casos obedece al deseo expreso del propietario en aras de evitar crías indeseables; sin embargo, existen desórdenes orgánicos en los cuales la extirpación del aparato reproductor obedece a una prescripción médica.

Las infecciones uterinas, tales como endometritis o piómetras, son complicaciones graves de salud. En ellas el pus se acumula en la matriz en ocasiones encerrada sin sintomatología alguna; otras, la infección corre por vía sanguínea y crea una septicemia generalizada que cercena la vida de la reproductora. No son pocas las ocasiones en que se acude a la clínica porque la gata "está expulsando pus por sus partes".

Se sabe que anomalías como el celo persistente están asociadas a quistes ováricos u otros desórdenes hormonales que obligan a la ovariohisterectomía inmediata. También tumores mamarios y celo persistente obligan a la extirpación inmediata del aparato reproductor de la fémina.

En el macho los tumores del testículo obligan a la rápida castración, pues de no realizarse hay peligro de su progresión, infiltración o metástasis a otros órganos.

Retomemos la perorata de su veterinario: *Si el animal es macho* le dirá que pierde ese espíritu agresivo de fierecilla que en mayor o menor grado siempre está presente; que ya castrado pierde la libido y con ello el hábito de vagabundear, cantar a gritos en las noches de amoríos y pelear con otros machos por la posesión de la hembra; que nunca tendrá abscesos, mordidas o arañazos de un adversario y que al permanecer todo el tiempo en casa disminuyen las posibilidades de contraer enfermedades, en especial los terribles virus felinos. En fin, que la convivencia con un gato castrado es más agradable.

Como es persona honesta, también le dirá las desventajas del *eunuco;* es decir, del macho sin testículos: disminuirá su vivacidad, ligereza y capacidad para el combate; perderá el hábito de vagabundear por calles, techos y azoteas y permanecerá más tiempo echado en su sitio de descanso, además de consumir más alimentos y, en consecuencia, su silueta grácil la cual resalta ese don de la masculinidad pasará al recuerdo porque engordará hasta quizá ponerse obeso.

Y usted, ya conocidos los pros y los contras, se enfrentará parafraseando, al eterno monólogo de Shakespeare: "Castrar o no castrar. ¡He ahí la cuestión!"

Si el animalito es hembra ¡ah!, hará una arenga en pro de su operación inmediata, explicándole mediante detalles innecesarios sus ventajas: evita el casi gritar de la gata ruina; control real del número de gatitos a nacer, evitando sacrificios o abandonos; aumenta la longevidad al eliminarse las posibilidades de una infección uterina y desarrollo de tumores mamarios.

La castración de la hembra, pese a ser una de la cirugías más repetitivas en cualquier parte del mundo, es una operación de riesgo real. Puedo asegurarlo tras 40 y tantos años de realizar mi primera ligadura. La técnica quirúrgica aparece en todos los tratados de cirugía veterinaria y forma parte de los planes de estudio en cualquier universidad de nuestros días. Entonces, sólo transmito consejos:

1. Miles de operaciones sin un percance de muerte durante el acto quirúrgico bien me pudieran dar una seguridad absoluta. ¡Falso, mil veces falso! Siempre tengo miedo a la anestesia, al fracaso quirúrgico.

2. Desconfíe de cualquier inhibición respiratoria o vaso sangrante.
3. Soy tan meticuloso como el primer día y, lo que es más: siempre estoy preparado para lo peor y dar la mala noticia al propietario del posible contratiempo con todo el honor de haber hecho las cosas bien.
4. Practicar la intervención en solitario aumenta el riesgo del acto quirúrgico. Hágase acompañar de un técnico veterinario adiestrado en cirugía.

En el envés de estos consejos le dirá los inconvenientes: disminución del ejercicio y tendencia a la obesidad y aumento en el consumo de alimentos. Al final, no caben dudas: si castramos a nuestro felino —sea hembra o macho— serán muchas más las ventajas que desventajas en todos los órdenes.

Los procedimientos quirúrgicos empleados para la castración del macho felino a lo largo de la historia revelan por sí mismos todo lo que ha evolucionado el hombre, sus sentimientos y su ciencia.

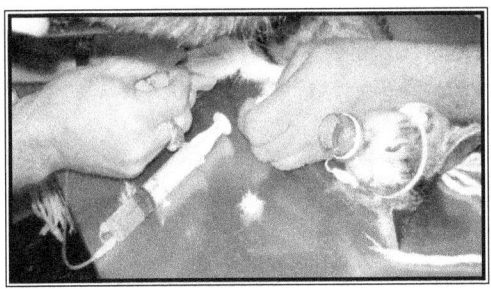

Canalización de la vena. Se emplea solución de tiopental sódico.

Castración al carbón. Se empleó durante siglos y el procedimiento es tan sencillo como cruel: consiste en atar un lazo corredizo en la base de los testículos y apretarlo ligeramente. Se toma un trozo de carbón encendido y se aproxima muy cerca de ojos y boca del animal que, asustado, echa a correr dejando atrás sus facultades de semental.

Castración al portazo. Después de colocar el lazo corredizo, el otro cabo del cordel se ata al picaporte de una puerta abierta. Se cierra la puerta de un tirón y ¡zas!

Castración al manguito. El gatito es enrollado, a modo de manguito, en una pequeña pieza de fieltro (es mejor de cuero) y es inmovilizado por otra persona, quedando en manos del cirujano, ya libres, los testículos y unos 10 cm del tren posterior.

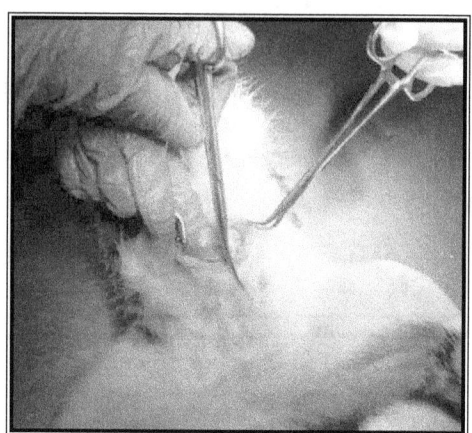

Insición abdominal para extracción del útero.

Originalmente la intervención se realizaba sin emplear anestésico alguno, siendo el gran Berger (1921) quien le incorpora la narcosis con éter y después los anestésicos parenterales.

Los anestésicos por inhalación son muy seguros, pero tienen la desventaja de irritar las mucosas y las molestias que ello acarrea en el animal una vez recuperado. En los días que corren, los veterinarios empleamos por igual los anestésicos por inhalación (éter, fluoretano, óxido nitroso y otros) o simplemente una inyección de xilaxina combinada con anestésico local o ketamina.

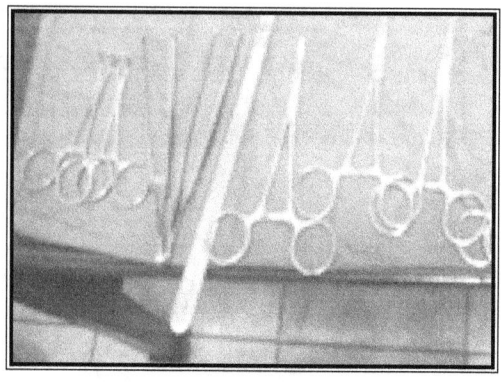

Instrumental quirúrgico.

En lo personal, desde su llegada a mis manos hace más de 25 años, siempre empleo la ketamina. Es en extremo noble y seguro porque los gatos suelen tener una buena tolerancia a la dosis media y se requiere de la mitad si se premedica con un sedante como la clorpromazina; sin embargo, desde que los drogadictos la incorporaron a su mundo alucinante se establecieron regulaciones para su control. Hoy, ya droga estupefaciente, se torna muy difícil su tenencia y adquisición en Cuba y en cualquier país.

Hay variaciones de la técnica quirúrgica, las cuales describo a continuación:

Siempre se realizará el rasurado del escroto y desinfección del campo operatorio:

1. Se realizan sendas heridas sobre las bolsas y se extraen los testículos, en tanto el cordón espermático es pinzado por completo con unos fórceps para cerrar el flujo sanguíneo, seguido de un anudado con *catgut* fino. La operación se repite en el otro testículo.

2. El cordón espermático es pinzado y se procede a separar los vasos sanguíneos de la túnica vaginal propia y el resto de sus componentes, realizándose el anudado de ambos. Algunos llaman *auto ligadura* a esta variante, aunque el gatito ni quiere ni puede hacerse el nudo por sí mismo.

3. Se realiza una sola incisión para la ablación del testículo y se procede en el septum ínter testicular para extraer el otro, quedando visible una sola incisión.

Cualquiera de las técnicas empleadas es conveniente. Al final, tensar la piel del escroto para que el muñón suturado vaya lo más profundo posible al fondo del canal inguinal. La herida a cielo abierto no se sutura. Desinfección con alcohol diario y antibióticos parenterales al menos por tres días.

Hace algunos años escribí un cuento acerca de cuánto significa para el amo y el veterinario la castración del gato. Como tuvo buena acogida en la prensa nacional y fue reproducido por varias publicaciones, aquí les va.

Pensar boberías

Me gustan los gatos; toda mi vida he tenido estos animalitos, definidos por alguien como pequeños tigres del hogar o, mejor dicho, "Dios creó al gato para que el hombre tuviera la oportunidad de acariciar al tigre".

Me gusta su vida libertina, independiente —si es que alguna forma viviente puede serlo— y sobre estas cualidades prevalece su dignidad para vivir. Porque si alguien patea un gato, si alguien daña un gato, puede estar seguro que jamás recibirá una caricia de ese animal.

Y rumiando esta filosofía de ron barato en cajita de cartón andaba, cuando dormido quedé... soñé... y soñé.

Me había convertido en un gato; un gato siamés de ojos azules y el hocico color chocolate.

¡Cómo gustan los siameses a las gatas arrabaleras! Lo primero que hice fue subir a un tejado donde decenas de hembras lanzaban aullidos amorosos. Y, sin alardes de ningún tipo, amigos, me lucí esa noche. ¡Ni Porfirio Rubirosa en sus días de esplendor!

El problema comenzó cuando el hambre hizo presa de mi estómago. Pensé penetrar una ventana y tomar un pescado o un trozo de carne, pero esto en mi mente humana es un robo; algo inaceptable a mi condición de persona decente.

Entonces, comencé a caminar por toda la barriada, a competir con otros gatos y, como un ciruja, hurgar en latones de basura; perseguir ratones, algo que no hirió mis fueros morales porque la supervivencia es un acto de la más pura decencia.

No sé cuánto tiempo me dediqué a estos trajines hasta que una buena señora me recogió. Lo acepté porque vivir en cautiverio tiene enormes ventajas para un gato: te cuidan con esmero y te muestran a todo visitante como la joya más preciada del hogar.

Por lo demás, ya estaba cansado de esa vida arrabalera tan propia de los gatos color tortuga o mariposa y siempre pagaría mi estadía al librar el hogar de ratones y otras alimañas dañinas a mis amos.

Aquella señora me colmó de atenciones con escudillas repletas de pescado blanco y un enorme pozuelo de leche; me acondicionó una cama como nunca antes había visto y, sin exageraciones, me compró una enorme cantidad de juguetes en el *pet shop* lujoso que está frente al hotel Meliá Cohíba.

En las noches escapaba del hogar en busca de placeres que siempre encontraba, y permanecía en estos jolgorios propios de mi sexo hasta que regresaba, siempre antes que los primeros rayos del sol insultaran mis pupilas, poco tolerantes a la luz.

Una mañana me introdujo en una caja de plástico y me condujo ante el veterinario. Ya frente al profesional sentí una enorme alegría porque bien me venían unas inyecciones de vitaminas, que es el proceder de los veterinarios ante estos casos… pero no. ¿Ustedes saben lo que dijo la buenííiisima señora?:

—Doctor, quiero que castre a mi gato para que no vuelva a salir de casa.

La miré perplejo y ella, como para esclarecer, puntualizó:

—¡Te vamos a capar para que nunca más te enamores!

No sé si los gatos sudan, pero comencé a sudar.

El doctor me inyectó el anestésico… yo quería morir. Sentí la frialdad metálica de las pinzas. Vi el filoso bisturí entre sus manos, me apretó muy fuerte los… y ¡zas!

En ese momento desperté de mi largo sueño y comprendí lo bella que es la vida del hombre… y las muchas boberías que se me ocurren pensar tras tres tristes tragos de aguardiente barato.

¿Cuánto cuesta un gato?

¡Oh, los gatos! ¡Cuánta alegría traen a su hogar estas criaturas (creaciones) de Dios! Y cuánta nostalgia y tristeza trae a este veterinario el recuerdo de los muchos gatos atendidos, ya desaparecidos.

Pasemos por alto mi sentir y disfrutemos de este divertimento con gatos:

Usted quiere tener uno de esos gatos de mirada hipnótica y actuar frenético; sin embargo, no hace especificaciones si lo desea esquemático, como tantos hay, que ronronean a los pies del amo para contarles su quehacer, si es que algún gato tuvo o tiene la mecánica de rendir cuentas de su conducta.

Quizá prefiera uno de esos populares felinos de El Cerro, cuyo espíritu habanero les hace andar de techo en techo y de patio en patio, pletóricos del oxígeno necesario para sus fueros calóricos.

Tal vez escoja una simpática fierecilla, al estilo de *Felipe*, cuyo badajo pendió por mucho tiempo hasta un buen día en que, sobre mi mesa de veterinario, ¡zas! Y, ¡adiós bolitas de mi vida!

Cuánto me alegraría fuera tan decente como *Leo*, el único que me saludó por largos años a pesar de haberlo castrado siendo cachorro; o los prefiere semejantes a *Bonnie y Clide*, que vivieron muy a gusto en su patio colmado de gladiolos y tulipanes traídos desde Dinamarca para ser sembrados en un patio habanero, o tal vez su antítesis *Cosmonauta*, que volaba con maestría sobre muros y balcones y luego reclamaba una ducha junto a su ama.

Si al final usted sólo desea comprar un magnífico cazador de guayabitos, hermosos ojos y diga ¡miau, miau!, entonces solicite información en uno de esos sitios maravillosos dedicados a la protección y cuidado de los gatos que forman parte de lo mejor de Internet y recibirá sorprendentes respuestas.

A la pregunta: ¿cuánto cuesta un gato siamés?, la respuesta de la web varió desde México con una imprecisa: "Lo puedes comprar en una *pet shop* (tienda de mascotas) o con un criador certificado. Pero lo mejor que puedes hacer es ir a un albergue y adoptar un gatito y darle una segunda oportunidad de vida". Con la coletilla "siempre hay una persona dispuesta a regalarte un cachorrito o puedes salir a la calle y rescatar uno".

Y como se trata de un(a) amante de los gatos, así le espeta: "Pero creo que también deberías pensar en adoptar uno, aunque no sea de raza. De todas maneras son bonitos y estarás salvando a uno de estos animales de la calle. Busca algún refugio de animales; ahí se regalan ya esterilizados. Estoy seguro que uno de estos animalitos te dará muchas horas de alegría y estarás recibiendo su agradecimiento de por vida. Suerte".

La respuesta, ya precisa, la tomamos de otro internauta mexicano: "Depende del lugar donde estés y la raza que quieras, además de si tiene papeles que corroboren la pureza de su raza. En México un gato de raza puede llegar hasta los 4,000 pesos, equivalentes a unos 380 dólares".

Por último, tres respuestas apabullantes:

1. Un animal no tiene que costar nada. ¿Te importa sólo el dinero o el cariño del gatito? Ponte a pensar eso.
2. Ja, ja ¿y para qué quieres saberlo? Es irrelevante, ¿no? Mejor pregunta cómo cuidarlo y no cuánto cuesta.
3. O la ironía de: Eso mismo pienso yo: ¿Estás pensando en hacer negocio con un pobre gatito?

En España un gato siamés con registro de pureza de show se oferta *on line* en 500 euros, mientras que uno de tipo egipcio corriente vale 200 euros. Los persas tienen un precio mayor, que oscila entre 700 y 2,500 euros. Un birmano, 100 euros.

También se puede encontrar un anuncio agradable: "Gato, posibilidad de entrega que debe discutirse: 1.00 euros (1 USD). Edad: 2 años, decimales autorizados; peso: 2.500 kg; país de origen: España. Muchos animales: 1. Color: marrón. Domado. Mi número es el 675724062. Preguntar por César".

Una oferta sorprendente la encontramos en Estados Unidos: *gatos hipoalérgicos* creados por Allerca, empresa de biotecnología con sede en San Diego que tras un exhaustivo proceso de selección y posteriores cruces ha conseguido los primeros ejemplares "con un riesgo reducido de efectos secundarios: irritaciones en los ojos, reacciones epidérmicas, estornudos o incluso episodios de asma". Y agrega el anuncio:

"Ya están a la venta con dos pequeños inconvenientes: Problema número 1: el precio. Cada ejemplar cuesta unos 3,000 euros. Problema número 2: la lista de espera. Está permitido colarse; eso sí, soltando la gallina: 1,500 euros más del ala".

El récord del gato más caro lo ostenta *Cato*, un bengalí comprado en 41,435 dólares por Cindy Jackson a Lord Esmond Gay en 1998.

Quiero referirme a Cuba, el país donde nací, crecí y moriré un día, mientras más lejano, ¡mejor!

Aquí no hay mercado para gatos, por muy de raza que sean. Cuando se le entrega al nuevo propietario se acepta dar las gracias, como un buen pago.

Por lo general se busca porque un ratón ha invadido la casa… ¡Pero que no me cueste! Al final, el propietario quiere y protege a su gato. Algunos amos devienen en un esclavo de su gato, lo adoran como su único dios y echan pestes de todo aquel que los critique. Estos clientes son recibidos con poco agrado por los veterinarios.

En la más pura verdad: mucho trabajo le cuesta a la Asociación de Amigos de los Gatos de Cuba encontrar residencia a cachorros desamparados.

En lo personal, adoro a estas personas empeñadas en dar una mejor visión de nuestros pequeños felinos a la población cubana. Desde los doctores Rene Uriarte y Gladys Morales, personas renombradas por su quehacer profesional, hasta Cachita, una mujer sencilla, dedicada a las labores de su hogar como tantas hay en el mundo, que también adora a sus animalitos.

Y sufre, suspira, llora si alguna de sus criaturas enferma, reclamando mis servicios "a cambio de nada/ o casi nada/ que no es lo mismo/ pero da igual".

Los gatos del celuloide y el papel

El cine, con su parafernalia de dulces, galletitas y palomitas de maíz fue desde los inicios del siglo el lugar preferido de grandes y chicos, hasta la llegada de la televisión.

Los aficionados a los gatos mucho tenemos que agradecer al cine por la popularidad actual de nuestros amigos con garras, porque el celuloide nos trajo, bajo las formas de dibujos animados, gatos hogareños, arrabaleros, inteligentes y tontos.

Nadie podrá minimizar cuántos niños obligaron a sus padres traer un gato a casa después de ver a estos personajes. Muchos formaron parte de nuestras primeras risas: *Félix*, *Tom*, *Silvestre*, *Garfield*, *Shersire* y otros que harían un listado bastante largo como para cansar a mis tolerantes lectores; sin embargo, al menos recuerdo tres gatos-artistas que significaron mucho para mi ya lejana infancia: *Félix*, *Tom* y *Silvestre*.

Félix era un gato negro, cuyo origen se remonta a noviembre de 1919. Salido de la pluma de Otto Messmer para los estudios de Pat Sullivan apareció primero en el cine y su amplia popularidad lo llevó en poco tiempo a 250 periódicos de toda Norteamérica y, casi de inmediato, a cientos de publicaciones de todo el mundo.

Su fama consistía en que participaba en historias que rayaban en el surrealismo. La magia, las situaciones ilógicas, el humor, las soluciones absurdas, entre otras características, hicieron que muchos públicos reclamaran en cada tanda un corto de *Félix*, llegando a registrarse 80 cortos animados entre 1920 y 1930.

Félix, la primera mascota devenida en figura popular, fue todo un éxito en la cultura popular estadunidense, y también en el extranjero. En forma de muñeco, acompañó a Lindbergh en su travesía del Atlántico de 1927. Antes había sido la mascota oficial de los *Yankees* de New York.

Músicos de jazz como Paul Whiteman cantaron inspirados en él. Compartió la pantalla con Charlie Chaplin en un memorable momento de *Félix in Hollywood* (1923).

A la llegada del cine sonoro, en 1932, comenzó su decadencia, quizá por la tozudez de Sullivan, que en un primer momento se negó a ponerle voz, o quizá el personaje ya había dado lo mejor de sí.

Con la aparición de la televisión, a inicios de los años 50, la gente empezó a ver los gatos de manera más frecuente y agradable bajo la forma de dibujos animados.

Y, pienso, esto contribuyó aún más a eliminar perjuicios sobre su tenencia en el hogar.

Cuando ya su gloria parecía perdida se convirtió en la primera figura en ser popularizada por una emisora de televisión de América o el mundo. Al llegar a la TV de Cuba (1950), El gato *Félix* cautivó a grandes y chicos por igual.

El gato *Tom* y su inseparable camarada de aventuras, el ratón *Jerry*, surgieron del binomio autoral de William Hanna y Joseph Barbera en los estudios de la Metro Goldwyn-Mayer en 1940. El personaje original duró casi 20 años (desde 1940 hasta 1960), al que siguieron otros *Tom* que otras productoras cinematográficas aceptaron de buena gana; sin embargo, el público no lo acogió como al original.

Tom es un gato hogareño de color gris azulado (o azul grisáceo, dependiendo del corto, parecido al gato azul de Rusia), cuya dueña siempre le recuerda su obligación de cazar todo ratón que viva en casa.

La trama de cada cortometraje se centra principalmente en los intentos frustrados de *Tom* por atrapar a *Jerry*, y el caos y destrucción que esto provoca. Debido a que parecen llevarse bien en algunos capítulos (al menos en los primeros minutos), no está claro por qué *Tom* persigue tanto a *Jerry*, pero algunas posibles razones surgen y pronto el espectador atrapa los hilos de los episodios.

Tom no es un desafío para la mente de *Jerry*. Al final de cada episodio, *Jerry* es generalmente mostrado como el vencedor. Al antihéroe se le convierte en héroe y al héroe en tonto de capirote, de manera tal que el público se identifica más con el ratón débil que con el fracasado gato cazador.

Tom y Jerry ganaron siete premios Oscar, empatados con *Silly Symphonies*, de Walt Disney, siendo las series de animados con más galardones cinematográficos.

En 1945 compartió el escenario con Gene Kelly en la cinta *Anchors aweigh* y en 1953 con Esther Williams en Dangerous when wet".

Por su parte, *Silvestre* es un gato blanco y negro, con nariz roja, que recuerda la de un payaso. En la mayoría de sus historias su objetivo es cazar al canario *Piolín*, pero los intentos siempre resultan fallidos, y *Silvestre* se gana los castigos de la dueña, una simpática abuelita. Del repertorio de frases de *Piolín*, una expresión se ha hecho mundial: "Me pareció ver un lindo gatito".

En otras ocasiones *Silvestre* intenta cazar, también infructuosamente, al ratón *Speedy González* y combate contra el canguro *Hooper*. Junto a otros muchos personajes ha aparecido también en *Looney Tunes*.

Silvestre y *Piolín* fueron ganadores de dos premios Oscar, en 1947 y 1957.

En Cuba hace 20 años nació el *Capitán Plint*, un gato valiente que vive en la Isla de los Cocos y quizá desde antes un gato creado por el caricaturista Tejedor. En realidad nunca se desarrolló un personaje felino, al menos con la popularidad de los numerosos perros (*Pucho, Lucas Rengifus, El Mejor Amigo* y otros). Sin embargo, *Vinagrito*, composición musical de mi amiga Teresita Fernández, ha acompañado a muchas generaciones de cubanos ya como canción infantil. Su texto invita a meditar el actuar humano ante situaciones embarazosas y la justicia social.

Los gatos clonados

Si el siglo XX debe ser considerado el periodo de mayor avance científico-técnico en la historia de la humanidad, esta XXI centuria en que vivimos es, en términos reales, una espiral vertiginosa de descubrimientos de tan corto tiempo de aprovechamiento que apenas hacen su aparición las primeras aplicaciones prácticas de los mismos y ya se hacen obsoletas, al ser sustituidas por otras variantes más eficientes y económicas.

Dejemos de filosofar, cosa poco dada a los veterinarios. ¡A nuestros animales, a nuestros gatos!

Si la generalización de las técnicas de inseminación artificial fueron un artífice en la mejora animal durante el siglo XX, hoy tenemos en la clonación un arma de incalculable valor para el futuro de la ganadería y con ello alcanzar uno de los mayores sueños y retos de la humanidad: llevar a todas las bocas un pedazo de carne nutriente con la frecuencia, si no la deseada, al menos la necesaria.

La oveja *Dolly*, primer animal clonado que asombró al mundo en 1996, cuando pocos laboratorios desarrollaban este conocimiento, es ya toda una leyenda. Vale la pena recordar que apenas han transcurridos 18 años desde esta creación del escocés Ian Wilmut y su equipo de la Universidad de Edimburgo.

Durante esta etapa dorada de la clonación se ha avanzado en las técnicas empleadas, al tiempo de practicarse en todo tipo de animales: conejillos de laboratorio, reses, caballos, aves, reptiles y un listado difícil de enunciar, entre los que se incluyen mascotas hogareñas, descollando el gato. ¡Sí, nuestros gatos ya clonados son una realidad!

Gatos clonados fosforescentes.

Copycat, el primer gato clonado por encargo, fue creado en 2002 por la empresa estadunidense *Genetic Savings and Clone* empleando células de un gatito adorado por su dueña y que había muerto. En su creación se empleó la misma técnica utilizada en la oveja *Dolly*.

La dueña, que pagó la friolera de 50,000 dólares, tiene el gusto de vivir con una copia al carbón del mismo minino que antes le acompañó en las duras y las maduras, y si bien es cierto que la cifra resulta exorbitante para personas como el que escribe estas cuartillas, no es menos cierto que sumas mayores se pagan por ropa, instrumentos musicales y hasta cubiertos de mesa que fueron utilizados por artistas famosos. Objetos sin vida siempre tendrán menos valor que la vida misma.

Desde entonces las pesquisas científicas no se han detenido: investigadores estadunidenses lograron la reproducción natural de una pareja de gatos salvajes (*F. lybica*) formada por *Madge*, una clonada de dos años, y *Ditteaux*, clonado también, con la peculiaridad de que los tejidos de donde fueron extraídas sus células fueron conservados en frío antes de su creación.

Los cinco cachorros producto de esa pareja son normales y están perfectamente habilitados para enfrentar las contingencias de la vida silvestre.

"La ciencia que produjo a estos hermosos gatos salvajes está llena de maravillas", declaró Ron Forman, del Centro de Investigaciones para Especies en Peligro de Extinción, donde *Madge* y *Ditteaux* lograron esta camada de cinco gatitos por monta natural.

Si *Copycat*, *Madge* y *Ditteaux* nos resultaran parte de un relato de ciencia ficción, al otro lado del mundo también suceden acontecimientos asombrosos de clonación de felinos.

Concretamente en Corea del Sur, país donde se crían gatos en granjas especializadas con el único fin de comerlos. ¡Sí, comen gatos! Allí, Kong Il Keun, director del equipo de clonación de la Universidad Nacional de Gyeongsang, anunció que lograron crear un nuevo tipo de gatos fosforescentes, es decir, que brillan en la oscuridad.

Se refirió a la modificación de una proteína rojo fluorescente en las células de tres gatos siameses turcos, lo que los hace verse colorados bajo luz ultravioleta, de una manera muy pop.

Ahora los gatitos tienen la piel, el pelo, los músculos, el cerebro, corazón, hígado, riñón, páncreas, pulmones, estómago, intestinos, lengua e incluso sus excrementos fluorescentes. ¡Cosas que vemos… y las que faltan por ver!

El gato: un esclavo de sus instintos y hábitos

El gato es un cazador innato y capturar una presa le provoca, más allá del buen bocado, una alegría de vida inconmensurable. Usted puede servirle uno de esos platos que hacen agua la boca a cualquier felino o humano, digo, un filete de pargo acompañado de queso parmesano y ver lo agradable que resulta a su mascota bigotuda.

Comenzará a comer con ese apetito tan propio de los animales sanos, pero si en ese momento pasa un ratoncito veloz y es divisado por el minino, la escudilla será echada a un lado y el banquete, olvidado. La persecución comenzará de inmediato y no descansará hasta su captura o la total convicción de que el pequeño roedor es incapturable.

En todos los países hay felinos cuya labor cazadora es toda una leyenda. El récord mundial registrado pertenece a *Towster*, una burmesa del Reino Unido que capturó 28,889 ratones a lo largo de 24 años.

Cualquier gato, por suculentos y apetitosos que sean sus menús diarios, pasará días, meses, ¡años!, observando un pajarillo encerrado en una jaula o aquel pececito que, tranquilo, nada en la pecera. Estudiará una y mil veces cómo zamparse estas criaturas tan cerca de sí y a la vez imposibles de llevar a la boca.

Silvestre y *Piolín*, esos animados que tanto gustan a los niños, son el reflejo de cuanto describo en estas líneas. Y cuando triunfa —¡ah, cuando el gato triunfa!— la alegría colma sus ojos, su cuerpo y la tanta saliva que de su boca brota. Una anécdota al respecto:

Corrían en Cuba los difíciles años de inicios de los 90. La desintegración de Europa Oriental trajo una crisis económica y de mercados alimentarios (el llamado Periodo Especial de Tiempo de Paz) y a alguna gente les dio por comer gatos ¡Sí, comer gatos!

Nuestro patio se convirtió en un santuario para los gatos callejeros. Sin saber cómo ni cuándo, cada día acudían más animales a nuestro hogar, sin lugar a dudas en busca de protección, porque alimentos apenas podíamos proporcionarles. Una noche llegué a contar 32 gatos.

Una pareja de hembras paridas relevaba en lactancia común a sus crías y mientras una salía a la caza diaria la otra cuidaba a toda la prole. Dicho sea de paso, la etapa de lactancia convierte a todas las gatas en cazadoras obsesivas.

Y apareció un ratón. ¡Sí, un ratón tonto en medio de un mundo de gatos!

De inmediato fue inmovilizado bajo la garra de una de aquellas madres y transportado hasta la terraza, ya lejos de la tierra. Allí aguardó por el regreso de su amiga que de inmediato se situó unos cinco metros frente a ella.

Y como si lo hubieran ensayado varias veces comenzó ante nuestros ojos un espectáculo insólito: el ratón fue liberado y, despavorido, echó a correr en línea recta para ir a parar bajo la garra de la otra gata, que lo retuvo algunos segundos… y lo dejó escapar. De nuevo corrió en línea recta y fue a parar bajo la garra inicial. Se divertían de lo lindo con este ir y venir; liberar y atrapar a una presa cuya muerte segura estaba descartada.

Así permanecieron unos 15 minutos hasta que Juana, mi mujer, que también observaba el comportamiento de los tres animales desde los inicios del encuentro, no pudo soportar por más tiempo el abuso al que era sometido aquel diminuto ratón y, escoba en mano, dio fin al dantesco entretenimiento.

El gato limpia su piel de manera constante. Algunos animales pasan la mitad del día o más enfrascados en asearse una y otra vez. El hábito de esta limpieza puede llegar a convertirse, junto a la caza y las fiestas nocturnas, en la plataforma del vivir gatuno. La lengua felina en su cara superior cuenta con papilas gustativas ásperas, de naturaleza córnea. Así, en su constante higienización, dientes y lengua llevan al estómago pelos y sus suciedades. Un vómito periódico permite la expulsión oral de los pelos, en un acto aceptado por todos como fisiológico, propio de la especie. Una falla en el mecanismo de eliminación de este contenido estomacal puede acarrear complicaciones de salud de mayor o menor envergadura. Veamos:

Si el animal come huesos de cualquier tipo éstos se unirán a los pelos y la materia fecal que, actuando como aglutinante, conforma heces de consistencia dura, de igual modo que el concreto se une a las cabillas para conformar el indestructible hormigón. Un estado febril implica pérdidas del líquido intestinal como consecuencia del intercambio calor-vapor del agua y con ello se deshidrata, aún más, este bolo fecal. Así, se forman verdaderos *fecalomas*, masas compactas tan duras que algunos las clasifican como tumores fecales cuyo diámetro es mayor que el recto pelviano y, en la práctica, no puede salir. La solución, casi siempre, es la intervención quirúrgica. Si se acude al veterinario se inicia una sesión de lavativas tendientes a destruir esta formación, pero de no obtener éxito se procede a su extracción quirúrgica. El hecho es mucho más frecuente de lo que puede imaginar el lector: en promedio cada mes recibimos en la clínica pública a dos gatos víctimas de este padecimiento.

Si bien en vida libre el gato apenas come huesos, en cautiverio muchas veces se ve obligado a ingerirlos, pues su amo hace del despojo de pollos y cerdos una parte importante de la ración felina, como si fuera un perro. No tengo ya que explicar al lector lo que sucedería si el animal no es llevado ante el veterinario.

Los criadores con cierta experiencia evitan el estreñimiento con raciones semanales de hígado, cuya acción laxativa es bien conocida. También, uno de esos laxantes que se aplican sobre las patas y espalda y que el animal en su hábito de limpieza ingiere sin importar su sabor.

Por último, quiero señalar un procedimiento empleado por hombres enemigos de los gatos para asesinarlos (al gato le sobran enemigos que le odian gratis): consiste en lanzar a distancia una jeringa cargada de insecticida fosfatado que el animal tratará de limpiar con su lengua. El envenenamiento es casi seguro y la probabilidad de muerte, elevada.

Internet y los gatos

Crecí en La Habana de la *belle époque*, en la década de los 40, cuando la decencia en esta ciudad era la misma de cualquier otra de Cuba, o de toda América Latina.

Y crecí entre veterinarios del hipódromo y de vaquerías y de la inspección sanitaria. No se hablaba mal del veterinario sin causa justificada (como sucede actualmente) ni se decían mentiras, y mucho menos publicarlas en la prensa para que los demás leyeran falsedades.

Internet es una fuente de información jamás soñada por el hombre común. A nuestro alcance se ponen desde periódicos y revistas de todo tipo hasta los últimos acontecimientos científicos, políticos y sociales en cualquier campo del quehacer humano. Y claro, a este escritor le interesa, en especial, todo lo relacionado con el mundo del hombre, sus animales y los veterinarios. Así, encontré mentiras, aberraciones, locuras; en fin, páginas donde hay de amor y de dolor. De lo mucho encontrado, transcribo algunos párrafos.

A veces siento temor de que algún loco explique en Internet cómo fabricar una bomba atómica doméstica, de escasos megatones, sólo para volar la ciudad donde vive, porque lo más terrible es que otra persona, más loca, fuera capaz de hacerlo realidad.

Y si hablamos de nuestro mundo animal veremos locuras similares a esta imaginaria. Atiendan todos: las modificaciones de formas y conductas animales que aparecen en el Internet van desde lo insólito hasta lo cruel. He recogido algunos párrafos de espanto. Veamos:

Un criador de Nueva York ha producido algo tan chiflado como cruel, los *gatos bonsái*. ¿Cómo los hace? El gatito recién nacido es colocado dentro de un frasco de cristal redondo, con tapa, a la que se le coloca una pajilla por donde se nutre al gato. Así, en la medida que el animal se desarrolla sus huesos se moldean y su cuerpo se ajusta a la forma del frasco.

Pasado algún tiempo el frasco se rompe y el gatito adquiere forma redonda. Apenas puede menearse porque sus huesos han tomado la forma en que se desarrollaron; se mueve como si fuera uno de esos juguetes de poco movimiento continuo alimentados por baterías.

Lo más terrible del asunto es que el criador de estos gatitos tiene compradores para esta aberración.

Una protesta en la que a 100 leguas se ve la perfidia. Veamos:

Mi perrita estaba preñada y tuvo unos hermosos cachorritos. Después de siete días la llevamos para ver cómo estaba, al igual que los cachorritos, y cuando la doctora la vio nos preguntó si comía, cómo era sus necesidades, etcétera, y nosotros le contábamos. La examinó y dijo que todavía tenía un perrito, del que palpaba su cabeza y sus "manitas", y aseguró que había que operarla; que de no hacerlo podía morir y nos cobró un ojo de la cara.

Vayamos por partes: si realmente hubiera una veterinaria tan incapacitada y falta de ética como la aquí descrita, no creo que exista un propietario tan ignorante que desconozca que un feto retenido por una semana en el útero genera una metritis de fetidez insoportable, digo, si la recién parida llegara a vivir tantos días. Y lo que comento lo demuestra la valoración de otro internauta algo más avispado. Veamos:

> Ante la sospecha de existir un cachorro alojado en el útero o cérvix, el médico debe solicitar una radiografía para confirmar el diagnóstico, pues siempre después de un parto el sistema reproductor se mantiene con una inflamación que es normal o fisiológica.

El fenómeno se repite una y otra vez: cualquier persona ya está en posibilidades de denunciar lo mal hecho y también de inventar daños que nunca ocurrieron.

Por suerte alguien salió a favor de mi colega:

> Es lamentable que sea tan fácil enlodar el nombre de una persona. Lo más probable es que tome sólo unos minutos redactar un reclamo contra una persona, en detrimento de un título profesional que costó años conseguirlo.

Esta lectora, convencida de que algo anda mal, señala el nombre de la veterinaria y proclama las virtudes profesionales de la colega, a lo que agrega:

> La persona que escribe el reclamo contra la veterinaria en cuestión no se identifica, por lo que personalmente creo que no tiene ningún peso moral.

Amigos, pienso que hay mala fe en esta información ya leída por, quién sabe, cuantos miles de internautas. Unos científicos han demostrado que el miedo del ratón al gato es intrínsecamente genético, es decir, con sólo otear se paraliza, reacción que lo acompañará desde que nace hasta que muere.

Para esta demostración realizaron una manipulación genética en cientos de ratones que, ya crecidos, no mostraron temor alguno ante la presencia de un gato.

Cualquiera que conozca cómo se reprodujeron las abejas africanas en Brasil sabrá que un simple accidente de laboratorio dejó escapar unas cuantas que pronto se reprodujeron entre ellas y luego se mezclaron con la población apícola local hasta llegar a lo que hoy es: una plaga, un daño enorme a la producción apícola, a los apicultores y a las personas que viven cerca.

Me horroriza la sola idea de que algunas parejas de estos ratones escapen accidentalmente del laboratorio.

Alguien me pidió mi opinión acerca de la ungleotomía, lo cual significa desungular al gato o para entenderlo mejor: extraer las uñas a nuestra pequeña mascota.

La utilidad de la uña del gato es algo más que usar un miembro útil, para convertirse en un elemento vital en su modo de vivir: gracias a su uña se afinca al suelo para saltar. Gracias a la unión de las cinco uñas se conforma la garra; con ella se defiende de sus atacantes, atrapa a su presa y la mantiene fija para morderla, además de rascar su cuerpo una y otra vez, disminuyendo su nivel de estrés. Un gato desungulado tiende a bajar la tensión muscular de su espalda porque no rasca las uñas contra el piso para desgastarlas.

Si hablamos de la técnica quirúrgica, se practica primero en una *mano* y 20 o 30 días después en la otra. Se efectúa bajo anestesia general y un torniquete para interrumpir el riego sanguíneo. Hay dos variantes: la primera, practicar los cortes longitudinales a lo largo del dedo y extraer toda la uña desde la base, seguido de la formación de un muñón en cada dedo y su sutura. La segunda, con un cortauñas de perros se practica el corte de la última falange y se hace el muñón con el colgajo de piel, variante que implica la pérdida de hueso y reducción de la capacidad de marcha. Tendrá que ser castrado porque un gato sin uñas no podrá combatir ni siquiera contra *Machu*, mi anciano amigo con garras. En ambos procedimientos el riesgo quirúrgico y el dolor postoperatorio son grandes.

¿Qué se gana con la operación? Que su gato no arañe, ni rompa las cortinas, ni las ropas cuando sube a su regazo; ni los muebles, todo lo cual puede evitarse con el empleo de un rascador o desgastador de uñas, algo que puede hacerse con una piedra o madera dura, o artísticamente con un madero forrado de soga gruesa de henequén y, por supuesto, un poco de enseñar al gato.

Me parece que el gatito tiene que pagar un alto costo para vivir con amos que cuidan más de sus muebles que de su naturaleza de pequeña fiera.

Alimentos, alimentación y nutrición

Llegar a cierta edad permite escribir con desenfado cosas que no me hubiera atrevido años atrás. En un rancho ganadero cualquiera varias especies conviven con el fin de hacerlas reproducir, engordar u otros propósitos que escapan a la imaginación de este escritor. Allí las reses se crían de una manera diferente a los caballos, los cerdos, las aves de corral o cualquier otra especie. Uno de los mayores errores que puede cometer el dueño de un gato ¡es criarlo como si fuera un perro!

¡Hay mucha gente que adora a su gato, pero su patrón de alimentación es similar al del perro! Con desayuno, almuerzo y comida. ¡Craso error!

Pensemos en un gato silvestre, animal propio del desierto subtropical, es un carnívoro completo que sólo come lo que caza o encuentra y no siempre choca con algo para llevar a la boca. Pasar dos o tres días sin comer es algo común en el régimen de supervivencia felina.

Su dieta ideal sería poder comer una docena de ratoncitos ganados en la cacería de cada día, lo cual pudiera ser alternado con polluelos, ranitas, etcétera.

Claro, si hablamos de su gato y el mío ¡ni pensarlo!, pues ha venido a nuestra casa para contribuir a nuestra felicidad y buena parte de ella radica en atenderlo como Dios manda.

El gato es un cazador nato, lo repito cien veces en este libro. ¡Y no es matraquilla de viejo!

Lo mejor es dejarles comida en su escudilla durante varias horas al día. Un gato promedio de siete a nueve libras (3.5 a 4.5 kg) requiere aproximadamente tres onzas (de tres cuartos a una taza de ocho onzas) de alimento seco por día y la taza completa si se tratara de alimentos naturales.

El agua debe mantenerse con libre acceso durante todo el día, pues beben a sorbos incontables veces, adoptando su lengua la forma de una cuchara. Difícilmente aceptan el agua sucia o envejecida. Algunos animales apenas la beben, siendo más propensos a los problemas renales.

Hemos oído tantas veces decir esa máxima popular: "Cuando se tiene un animal hay que atenderlo bien" que la empleamos para clasificar a los dueños de mascotas:

1. Los que lo dicen y actúan en consecuencia.
2. Los que no lo dicen, pero lo piensan y lo hacen correctamente.
3. Los que lo dicen y actúan de manera diferente.
4. Los que ni lo dicen, ni lo piensan… ni lo hacen.

Pese a todo lo anterior, pocos llegan a mi consulta a preguntarme: ¿qué le doy de comer a mi gato?

Todo el mundo sabe que la carne es el alimento ideal para el gato. La anatomía de sus órganos digestivos, su fisiología y niveles de consumo están perfectamente acondicionados para recibir tan preciado alimento.

Entre todas las carnes la de res es la mejor, al igual que la de ovejas y cabras. La de cerdo es aceptada de buena gana si eliminamos todo vestigio de grasa, pues de comer la manteca un síndrome de vómitos vendrá de inmediato. Y la que más le agrada: la de conejo, ¡of course!

Las carnes de aves (pollo, pato, pavo) son excelentes y bien agradecidas. El hígado, de mamíferos o aves, le resulta nutritivo y enloquece su paladar; tiene una acción laxativa muy importante para la eliminación de pelos acumulados en los intestinos. Es aconsejable, al menos, una vez por semana. Su uso continuado puede inducir diarreas en muchos animalitos.

Los pulmones, bazo y otros desperdicios de la res, constituyen un plato de buen gusto para la mayoría de los gatos.

Si las carnes deben ser crudas o cocidas es una disputa tradicional entre nutricionistas y propietarios. Claro que en la vida silvestre siempre come cruda la carne; sin embargo, ya en casa debemos pensar en su cocción porque mengua, un poco, su primitivo espíritu de fierecilla.

De los embutidos hemos empleado la mortadela y las salchichas por años con buena aceptación. Ni chorizos, salami o jamón son recomendables por su alto contenido de químicos.

El pescado es una buena fuente de proteínas y para nadie es un secreto que constituye la base fundamental de su sostenimiento doméstico en buena parte del mundo.

Los gatos consumen una parte apreciable de la pesca mundial, al punto de que muchas personas llegan a pensar que es su alimento natural.

En la más pura verdad: el gato es un animal propio del desierto subtropical, un carnívoro completo, convertido en engullidor de pescado gracias a la obra civilizadora de la domesticación... ¡Y el alto costo de las carnes rojas!

Los gatos no deben comer huesos, piel, pezuñas, cuernos; en fin, todo lo que la lógica indique que no es ni de fácil digestión, ni comestible.

La leche es un alimento de alto valor biológico y los gatitos y adultos la adoran por igual. Hay individuos que la asimilan poco, a otros les causa diarrea; sin embargo, a la mayoría de la población felina le encanta. También sus derivados, como el queso, requesón y mantequilla. Algunos gustan del yogurt, pero la mayoría la rechaza.

En Cuba suele mezclarse la carne con arroz, cereal o tubérculos como el boniato y la malanga, que son aceptados por la mayoría de los animales. También los huevos en forma de revoltillo, plato que mucho agrada a *Machu*, mi anciano domiciliado de 15 años.

La alimentación de los gatos con comida seca en forma de croquetas o pastillas —*dry food*— se abre pasos a grandes zancadas en el mercado universal; al fin y al cabo, con el alto precio de cualquier alimento en los días que escribo estas cuartillas las diferencias de costos compensan el engorro de la preparación diaria.

Existe sinnúmero de marcas, formas de presentación y sabores entre los cuales el propietario va escogiendo hasta que detecta el favorito de su mascota.

Estos alimentos, secos por lo común, son carnes, pollo o pescado mezclados con cereales y enriquecidos con vitaminas y taurina, un aminoácido esencial en la fisiología de los felinos. Se formulan ya para cubrir las necesidades en todas las edades y estados fisiológicos: para gatitos, jóvenes en crecimiento y hembras lactando, con alto contenido de proteínas. Los niveles de proteínas requeridos en adultos, gatas grávidas y gatos viejos son menores y, por lo general, sus alimentos concentrados son de menor costo.

Algunas firmas productoras ya elaboran un alimento *light* con bajo nivel de carbohidratos destinado a gatos castrados o con problemas renales cuya tendencia a la obesidad es conocida por todos.

Por último: los alimentos enlatados para gatos. Si algo debía la humanidad al otrora diablillo del medioevo tras la creación de los enlatados ha sido pagado con creces.

Con sólo ver a su gato comer una de estas delicias hace del propietario un cautivo del mercado, porque, amigos, nadie tiene derecho a cualquier burla o crítica arremetida contra el amo que destina una parte de sus ingresos para ver a su mascota disfrutar de un buen bocado.

Gastar dinero en una mascota, pienso, es algo más humano que hacerlo en comprar una de esas películas de horror, asesinatos, monstruos y otras barrabasadas de la anticultura que a diario salen al mercado, por sólo citar un acápite, dejando atrás el boxeo de trompones sobre un ring.

Cualquiera de estos entretenimientos ocasiona gastos mayores que el necesario para alimentar un animalito que estará junto a nosotros en tiempos de duras y maduras *ad vitam aeternam*, que quiere decir *por la vida eterna*.

La clínica, el gato y el médico veterinario

Una clínica veterinaria puede ser fuente de trabajo para una o varias personas, sólo limitado por el número de su clientela. El único modo honesto de hacer nuevas plazas laborales es retener al cliente y atraer cada vez más personas interesadas en recibir nuestros servicios. El cliente tradicional asiste a la clínica para atender a su animal enfermo o para evitar que éste pudiera enfermar. El primero enfrenta cierta dificultad porque no está en condiciones de moverse rápido y teme no ser atendido en otro establecimiento; el segundo, ante un trato el cual considera inadecuado, queda contrariado y una buena parte de las veces se va para no volver a ese sitio.

La llave del éxito radica en recibirlo, explicarle la diversidad de servicios que presta la institución, atender a su mascota acorde con las necesidades clínico-quirúrgicas del caso y al final venderle los medicamentos, con lo cual logrará el objetivo de su visita; es decir, recuperar o preservar la salud de su mascota. Ésta es una regla inviolable.

Recibir al cliente tiene una importancia de primer orden y quien lo haga es, de hecho, la imagen de la institución. Una clínica veterinaria, por pequeña que sea, no debe trabajar con un solo médico; alguien —preferiblemente un técnico veterinario— debe acompañarlo para que reciba al recién llegado. Si la clientela es numerosa, bien se justifica una recepcionista para estos menesteres; si es reducida, esta función la asumirá el técnico asistente, pero con la visión y comportamiento de lo que en esos momentos es: *la (el) recepcionista*.

Ella(él) debe permanecer atenta a la llegada de los clientes; recibirlos con una sonrisa o transmitir un saludo solidario si el animal viene en estado deplorable de salud con palabras de ánimo o consuelo; en fin, debe analizar a cada recién llegado y tratarlo de acuerdo con la situación concreta que lo trae a la clínica.

Escuchar al cliente sin que ello implique permitir que la explicación se convierta en una perorata tan común en nuestro público; clasificar el mal presente y conducir la conversación hacia la cirugía o la medicina interna. Tenga presente que todos los clientes son iguales; todos invierten su tiempo y su dinero, de ahí que todos merezcan igual respeto.

Una buena parte del público llama por teléfono antes de acudir a la clínica, bien para orientarse o para saber acerca de un tema determinado. Toda respuesta debe estar encaminada a que el cliente venga con su animalito a la institución. Recomendar cómo proceder o indicar un medicamento sin auscultar al animal se torna en una práctica aventurera, actuar de poca monta, en ocasiones motivo de equivocación profesional y otras veces pretexto para que el cliente se burle del veterinario. Ni todos los gatos son arrabaleros, ni todos los clientes actúan de buena fe.

La competencia profesional veterinaria es hoy, como nunca antes, muy tirante, pues contra una clínica veterinaria establecida se aúnan tiendas de productos veterinarios con su mostrador, por lo general, atendido por veterinarios, intrusismo de personas que ejercen la medicina veterinaria sin la calificación adecuada en peluquerías, criaderos, como entrenadores y vendedores de animales.

También veterinarios ambulantes, carentes de local, los cuales prestan servicios a domicilio, sin pasar por alto a bioquímicos, graduados de medicina humana, biólogos y otros profesionales que han logrado o luchan por un espacio laboral en el fabuloso mundo de los animales afectivos.

Como si fuera poco, existe un incremento de estudiantes de medicina veterinaria nunca antes visto en las universidades de cualquier país.

Un colega mexicano, propietario de una pequeña clínica, me comentaba de intrusos profesionales que ejercían impúdicamente en su ciudad. Lo escuché con atención y así le respondí:

México tiene unos 30 mil veterinarios graduados y 43 centros universitarios de los que egresan miles de profesionales cada año. Su competidor real es ese colega que también tiene una clínica en la misma ciudad, a veces muy próxima a la suya, así que atraiga y retenga a sus clientes con mejores servicios, más profesionalismo y un ambiente agradable. Su competidor es su amigo; con él comparte conferencias, colegiaturas y hasta un trago en las fiestas de la ciudad. ¡Olvide a los demás intrusos!

Pienso que este párrafo encaja en cualquier país de este mundo que cuenta ya con casi un millón de médicos veterinarios (Kouba, 2003); también creo que aumentar o disminuir las tarifas establecidas en la región o ciudad por los servicios prestados para combatir la competencia profesional siempre resultará un desaguisado de consecuencias catastróficas para la imagen de una institución, sea de carácter público o privado.

Dice Hauffman, un poco en broma y con mucho de verdad: "Sólo hay dos grupos de veterinarios: los que se dedican a los animales afectivos, y los demás veterinarios". Aunque no comparto esta opinión, no es menos cierto que trabajar en una clínica veterinaria obliga a ciertos modales y comportamiento inusual cuando trabajamos en especialidades como inspector de matadero, atendemos vaquerías, porquerizas o polleras, por sólo citar algunos perfiles muy importantes, por las que muchos veterinarios transitamos alguna vez en nuestras vidas.

Tendrá que vestir elegante, peinado y rasurado y los zapatos lustrados, como un profesor antes de enfrentarse a una clase. Hablar pausado y permitir que su cliente hable, desarrolle su historia, unas veces verídicas, otras cargadas de fantasías y siempre omitiendo sus fallas en el incumplimiento del tratamiento indicado; imposición de nuevos medicamentos o alimentos inadecuados o en mal estado, entre otras muchas culpas tan propias del propietario común; sin embargo, el veterinario de una clínica siempre debe tener presente que su cliente es la persona más importante que hay en el local, pues es su razón de vida y de trabajo.

Al examinar detenidamente a un gato o cualquier otra especie el veterinario debe establecer de antemano, tal como decía Marek, un plan de exploración.

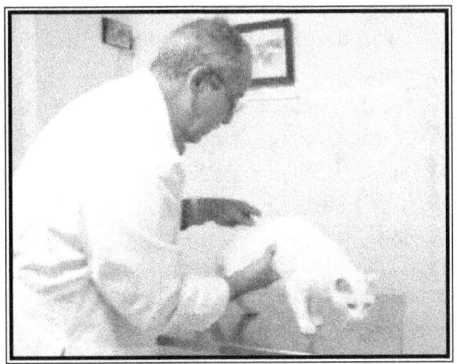

La palpación abdominal debe ser rápida y segura.

Sin pretender dar lecciones de medicina interna, la visión de un encuentro bien aprovechado entre el gato, su propietario y el veterinario podría ser así:

1. Escuchar pacientemente la historia mientras imagina su modo de vida, es decir, del propietario y el paciente; sus posibilidades económicas para indicar lo recomendable, de tal manera que sea posible concretarlo. En las reglas del bienestar animal se concibe que ningún propietario pueda dar a su mascota más de lo que dedica a sí mismo, aunque, toda regla tiene su excepción.

2. Preguntar (lo menos posible) qué anormalidad aprecia el dueño en su mascota. Y él comenzará a narrar su visión personal del enfermo, la cual puede ser la real o equívoca. Oriente sus preguntas hacia los cambios, los cuales pueden comprender:

   a) Desde la sed intensa hasta su pérdida total, apetito aumentado o disminuido, defecación acuosa, semiacuosa, normal, dura, seca, muy dura o nula.

   b) Micción poca, normal o aumentada; clara, intensa o con rastros de sangre.

   c) Movimiento normal, hiperkinesia o inmovilidad y pérdida de actitud para la caza, el juego o la custodia.

   d) Los síntomas generales del gato enfermo están acompañados por inapetencia, vómitos, diarreas, estado febril, pérdida de peso, cambios en la expresión o la mirada, aislamiento de los seres queridos, rechazo a ser cargado (a los gatos hogareños les encanta estar sobre las piernas de sus amos), secreciones nasales, salivación profusa, en ocasiones, densa y fétida.

   e) Mirar diez, cien, ¡mil veces el gato!: tamaño, y peso y detenerse en su expresión facial. Pienso que hasta aquí puede ser considerada una buena toma general de información que debe abarcar a todos los animales presentados al veterinario.

Ya el veterinario *debe tener* una impresión general sobre el estado del animal. Lastimosamente esto no se aprende en ningún manual: se gana con el tiempo y constituye lo que se da en llamar *experiencia profesional*, que puede llegar a ser buena o, mala.

Concluida la conversación, ya palpamos al gato y desplazamos mente y manos al sistema o sitio (órganos digestivos, reproductivos, respiratorios, urinarios y nerviosos) donde ya está detectado debe estar el morbo.

Tenga presente que usted va a explorar a una pequeña fiera que llegó en una caja plástica o de cartón o tal vez encerrado en una bolsa; quizás adolorida y que dispone sólo de unos minutos para el examen. Sea rápido en tiempo y dulce en su manipulación. Repito: ¡es un gato! De lo contrario, tendrá que emplear la sedación, que ya es un mal comienzo. En caso indispensable emplee una dosis mínima de xiloxina.

Una exploración al sistema corporal bien podría ser así: *Toma de temperatura y valoración de la misma* (infección, estreñimiento, ejercicio continuado, golpe de calor, etcétera).

Pasar las manos sobre la piel (brillo, caída del pelo, grosor, presencia de ectoparásitos, elasticidad, prurito, aumento de volumen en algún sitio, excoriaciones, manchas, lesiones hemorrágicas, escamas, costras, cicatrices). La piel de los felinos es elástica, separada de la musculatura corporal como uno de esos trajes que nos queda ancho; es brillante, lisa, agradable al tacto. Cuando la piel está pegada al cuerpo debemos sospechar de una pérdida de líquidos corporales; es decir, hay cierto grado de deshidratación por vómitos, diarreas, fiebre o inanición prolongada. La presencia de arañazos en la proximidad de las orejas suele estar asociada a la existencia de ácaros de la sarna en el oído, orejas o su proximidad. La piel pegada al cráneo (calavaria) se asocia con formas de cáncer.

Revisión de encías y lengua, masticación. La boca normal es limpia, algo húmeda, pero sin expulsión excesiva de saliva, de olor agradable cuando aproximamos nuestra nariz. Un consejo a los veterinarios noveles: la exploración clínica se palpa, se escucha, se ve y se huele, digo, cuando se quiere hacer bien las cosas.

Los dientes del gato suelen ser limpios y filosos, preparados para cortar carne desde los incisivos hasta las muelas. Un diente que ha perdido su empotramiento impide comer; un diente partido, parte el alma oír llorar al gato, asunto que se resolverá quirúrgicamente con su extracción.

La cavidad bucal debe abrirse. Esto se realiza colocando la mano izquierda sobre la frente, de manera que los dedos índice y pulgar den a cada arcada dentaria; entonces fijamos nuestra mano derecha al mentón y jalamos hacia abajo (¡Dios nos ayude!). La revisión se realiza para buscar úlceras o aftas, muy frecuentes; algunas son puras, otras veces son vestigios de enfermedades virales y formas de cáncer bucal. Una saliva fétida, cualquiera que sea su origen, nos enfrenta a una dificultad para tragar.

El hedor bucal (*halitosis*) por lo común es ocasionado por fermentaciones gastrointestinales anormales, y, en ocasiones, de origen respiratorio. En las infecciones renales —muy frecuentes en el gato— se generan cuerpos cetónicos cuyo hedor nos recuerda la acetona o plátanos muy maduros.

La palpación intestinal nos comprueba desde heces compactas hasta ayuno de varios días. También consistencia del contenido rectal, en especial si hay ruidos intestinales que hagan sospechar la pronta llegada de diarreas o la presencia de fecales secas para evitar la formación de fecalomas. Siempre habrá de palparse hígado y bazo para observar cambios de tamaño.

El trasero y los genitales externos del gato deben estar limpios, sin costras ni huellas de heces. La suciedad en el ano o en el área del trasero puede indicar un problema gastrointestinal con diarreas o heces poco consistentes. La diarrea puede ser muestra de una alimentación inadecuada, basada en alimentos agresivos, no beneficiosos a la digestión normal. También de lombrices intestinales o de algunas enfermedades virales que se describen en este texto. El prolapso rectal en los cachorros y animales jóvenes es frecuente. Se reduce con una costura de bolsa de tabaco y se aplica un ungüento reductor ano–rectal, aunque, en ocasiones, habrá de ser intervenido quirúrgicamente.

Evaluar sensibilidad renal, apreciar el tamaño de riñones y vejiga; palpar la vejiga en busca de formación de globo vesical. Ver postura para la micción.

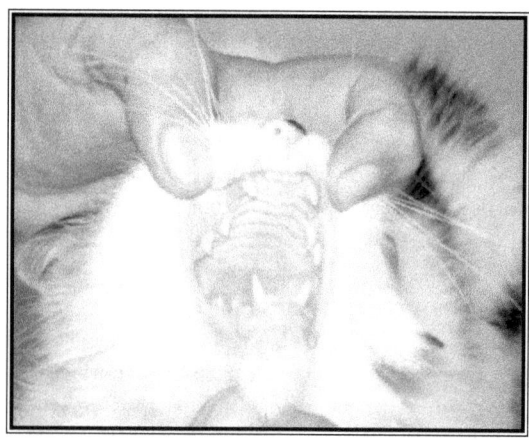

Gato de buena salud bucal.

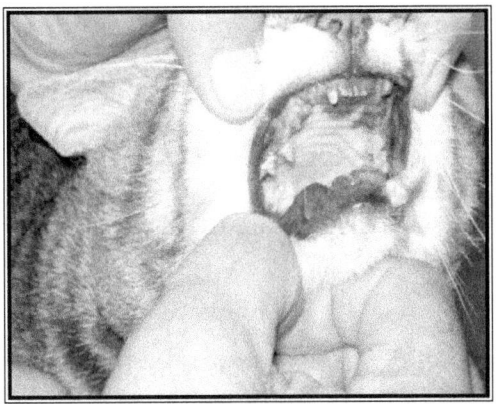

Cavidad bucal de gato viejo.

Tamaño de los ovarios y el útero, visión de la mucosa vaginal y valorar siempre las ventajas de la ovariohisterectomía en gatas próximas al año. Testículos y escroto deben estar íntegros, sin excoriaciones, con turgencia normal. Un aumento en su consistencia puede ser compatible con orquitis o tumores.

En el macho se retirará el prepucio dejando el pene descubierto. Así, fácilmente se detectan lesiones propias de la masturbación, granulomas incipientes o depósitos de arenilla.

En los cachorros se detectará la criptorquidia —muy rara en gatos—, anomalía cada vez más frecuente en nuestra población canina.

Los problemas de falta de efectividad en el macho o incapacidad de fecundación en la hembra requieren de procedimientos que no suelen estar a nuestro alcance (espermiograma, hormonograma, etcétera), por lo que recomendamos tratamientos generales para estas afectaciones (PMS, HCG, vitamina E con selenio, etcétera) con resultados fantásticos.

La exploración del *sistema nervioso* nos obliga a observar la actitud y postura corporales; marcha, reflejos, grado de excitabilidad o depresión. El nivel de actividad puede variar de un gato a otro. Algunos gatos sanos son muy tranquilos (carácter flemático) y responden poco a los estímulos externos, algo que se manifiesta en mayor o menor grado en todos los gatos viejos; es decir, mayores de ocho años. No obstante, los gatitos son, en la mayoría de los casos, activos y curiosos (temperamento sanguíneo). Un gatito indiferente, que no se mueve ante la amenaza de la mano u otro estímulo, puede ser un gato enfermo.

El andar de un gato sano tiene una secuencia de pasos inalterable; cuando trota —el gato casi nunca corre— lo hace con elegancia. Una cojera bien puede indicarnos una herida, una afección por microorganismos en las almohadillas o uno de esos abscesos por riñas tan frecuentes.

La pérdida del equilibrio casi siempre nos pone frente a un daño neurológico; la caída del tren posterior ante un golpe de gran envergadura, a una infección renal, o a un daño cerebral o de la médula nerviosa que afecta la inervación de la columna vertebral.

Las infecciones pulmonares acusan desde la ligera disnea hasta una angustia respiratoria. También aumento de la frecuencia respiratoria, estertores secos o húmedos.

Suele ocurrir que secreciones pulmonares fluidas o densas asciendan por el conducto lagrimal y se exterioricen como humedecimiento del globo ocular llegando a convertirse en cúmulos de pus.

La laringotraqueítis viral y la neumonía ocasionada por *Bordetella bronquisepticum* son las enfermedades respiratorias más frecuentes e implican dificultad para tragar saliva y alimentos.

Los ojos de todos los felinos son hermosos y tan brillantes que fácil pueden verse en la oscuridad, cualidad que, sin lugar a dudas, le ha acercado al hombre.

Exteriorización del cuerpo clignotante (ojo izquierdo).

Los gatos cuentan con un cuerpo clignotante muy desarrollado al que también denominamos *tercer párpado*. En los estados de malestar general, bien por estrés o pródromos de una infección, el cuerpo clignotante se exterioriza y aparece a modo de membrana cubriendo una buena parte de la superficie del globo, de tal forma que la visión del ojo cubierto por el tercer párpado es suficiente para que el propietario cargue con su mascota y lo lleve a la clínica veterinaria.

La conjuntiva palpebral normal es rosada. La palidez de las conjuntivas suele ser síntoma de anemia; una coloración roja intensa, síntoma de deshidratación; un color amarillo significa un íctero por cúmulo de bilirrubina y bien puede asociarse a dolencias del hígado como la cirrosis, la lipidiosis hepática, la hepatitis viral o la leptospirosis.

Y, claro está, si se trata de un ejemplar que ha vivido con el dueño al menos durante varios meses, entonces le resultará más fácil discernir entre la quietud y el inmovilismo del enfermo; podrá distinguir entre lo sano y lo enfermo.

La exploración de las orejas y el conducto auditivo es importante. Los oídos deben estar limpios, erectos, sin mal olor en su conducto medio. Hay ocasiones en que aparecen secreciones densas, de color oscuro, que bien pueden estar asociadas a la denominada sarna notoédrica.

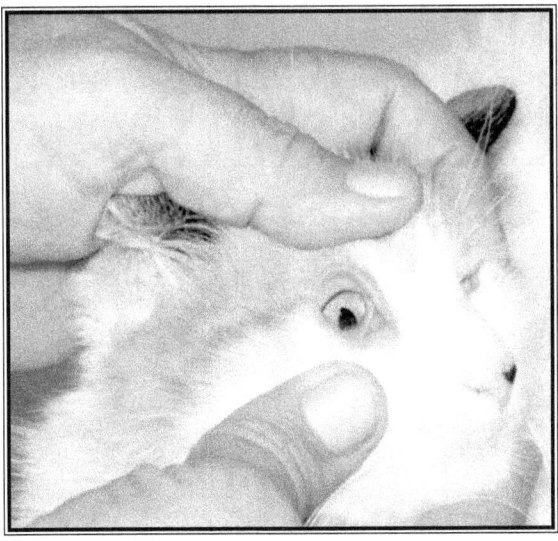

Exploración del ojo.

Un aumento de tamaño en los ganglios cervicales, escapulares o inguinales puede revelar un proceso infeccioso en la proximidad de éstos, aunque no implique con precisión el mal presente en el gatito. Un aumento de los ganglios mandibulares suele ser una constante en la leucemia viral felina.

Los exámenes de laboratorio deben tomarse como un elemento de comprobación de lo que ya sospechamos y nunca como un procedimiento para determinar el diagnóstico. Que quede claro: esto no es un dogma. Los resultados arrojan una información complementaria de gran valor para establecer el diagnóstico clínico, fundamento indispensable para la determinación de la terapéutica a seguir.

Decía Huckinson que tras un buen diagnóstico clínico se puede curar hasta con agua y si la expresión enaltece en extremo eso que llaman *ojo clínico*, nadie puede ignorar la importancia de una prueba de sangre, la visión microscópica de muestras fecales o las pruebas urinarias de rutina.

Todo veterinario debe saber cirugía lo suficiente para enfrentar las situaciones que a diario se presentan. Hay dos reglas que quiero expresar. La primera: lo que bien se sabe bien se hace. No importa si usted demora más o menos tiempo. La segunda: no asumas operar lo que no sabes hacer. Una ovariohisterectomía, cesárea en urgencias, fractura ósea o ablación de tumores está al alcance de cualquier veterinario sin que pueda considerársele un cirujano y su clínica será sitio idóneo para el desarrollo de estas intervenciones quirúrgicas, aunque la falta de recursos puede atentar contra tales propósitos. En resumen: si no puede hacer frente a un paciente con daño complejo, remítalo a otra clínica.

El mejor amigo del gato: el veterinario.

Alguien a quien agradezco mucho mi formación veterinaria siempre me insistía en que la cirugía estaba limitada a un pequeño grupo de personas entre las cuales ni él ni yo cabíamos.

Se trataba de una institución muy académica y durante más de una década nunca se nos permitió operar, digo, en el quirófano; sin embargo, teníamos que hacerlo en las urgencias nocturnas.

Imagine el lector una ciudad como La Habana con más de 700 mil perros y 50 mil gatos, por ese entonces con esta única institución donde se aseguraba un servicio veterinario de urgencia y en la que, en cierta etapa de mi vida profesional, estuve hasta dos años continuos en guardia nocturna.

Siempre remitíamos los casos de cirugía clasificados como no urgentes hacia la mañana, pero en ocasiones el paciente no resistiría y de inmediato le atendíamos. Así, operábamos hasta dos o más casos en una noche, con un promedio de entre 20 y 25 mensuales. A punto de cumplir 40 años, tuve que estudiar y ejercitar la cirugía intensamente. Nunca me he creído cirujano, pero el porcentaje de supervivencias en las intervenciones ejecutadas en urgencias era el mismo del quirófano.

Estos resultados me hicieron llegar a ciertas conclusiones:

Todo veterinario debe saber incidir, extirpar, evitar el sangramiento y suturar con cierta habilidad. También anestesiar, colocar los paños quirúrgicos, ordenar el set instrumental y otros menesteres propios de la especialidad, sin que por ello se considere un cirujano de quirófano, que es un veterinario más especializado y hábil a fuerza de ver, estudiar, practicar, concebir recursos quirúrgicos y desarrollar técnicas descritas con variaciones propias e, inclusive, generar ideas ante un nuevo problema. Esto último requiere de tiempo —años—, interés y desarrollo de habilidades.

Cirugía también es abordaje con catéter, sonda, atención a piezas dentales, la evacuación de abscesos, la atención a todo tipo de heridas, actos quirúrgicos que alguien calificó de "cirugía menor", término ambiguo, inexacto y que encasilla dogmáticamente a quien atiende esta manipulación de tanta importancia.

El veterinario debe entregar al cliente el caso intervenido quirúrgicamente ya en franca recuperación anestésica, sin asomos de sangramiento, limpio de suciedades y sangre. Lo ideal es mantener hospitalizado al paciente durante dos o tres días. También dará un pronóstico acompañado de las indicaciones inmediatas y el tiempo medio para el próximo encuentro, bien sea para retirar las suturas o para revisar el funcionamiento del sistema incidido o amputado. Y este veterinario no es, propiamente dicho, un cirujano veterinario.

Hace años en algunos países surgieron escuelas para la formación de personal auxiliar del veterinario en su atención médica a la ganadería, la cría porcina, avícola y, en general, animales de granja.

Usualmente se le destinaban sólo tareas de sujeción, inmovilización, extracción de sangre, pruebas para la detección de la brucelosis, aplicación de la tuberculina, inyecciones, atención de heridas y otras acciones consideradas por algunos de poca monta. ¡Caramba, que en estos hombres es mucho su saber y hacer! Esta modalidad de enseñanza casi cayó en desuso, pues los jóvenes aspiran ya a las universidades.

Actualmente, con el auge de las mascotas, muchas clínicas del mundo cuentan con asistentes cuya pericia fue ganada a fuerza de años de trabajo, y muy poco estudio.

Con el paso de los años estos hombres y mujeres llegan a realizar toda la práctica común de la clínica veterinaria con gatos, perros o cualquier otra mascota. Son adorados por sus empleadores y público en general, a sabiendas de que no cumplen los requisitos legales para el ejercicio de la profesión.

Parecía que esta modalidad de enseñanza media profesional había quedado en desuso, pero no: actualmente se imparten decenas de estos cursos por la Internet, por lo general destinados a técnicos que ya trabajan en una clínica o personas que buscan este espacio laboral una vez graduadas.

En lo personal, siento el regocijo de haber ayudado a don Alejandro Peña Ledesma, humanista mexicano, en su proyecto educacional para la formación de Técnicos Profesionales Veterinarios en Cánidos (Teprovecán), que permite la utilización plena de estos hombres y mujeres que por una razón u otra no alcanzaron el título de mvz.[1]

El programa fue presentado en el xii Congreso de la AMMEVEPE (Nuevo León, 2007) y fue acogido de inmediato por muchos propietarios de clínicas veterinarias procedentes de todo el país; muchos mvz solicitaron espacios en el cupo de estudiantes para sus empleados.

También hubo un sector opositor, el cual argumentó que le harían una competencia desleal, elementos que, reitero, son de poca valía en este mundo globalizado, de competencia feroz.

---

1   En México se expide el título universitario de Médico Veterinario Zootecnista (mvz), equivalente al de Doctor en Medicina Veterinaria empleado en Cuba, Estados Unidos y Europa.

Dicho de alguna manera, el asistente veterinario no está facultado legalmente para instaurar tratamientos y su rol profesional se limita a cumplir las indicaciones del veterinario y ejecutarlas, acorde con lo aprendido, en la inyección de drogas terapéuticas en las dosis y vías indicadas, acudiendo al facultativo en caso de duda.

En la práctica quirúrgica de mascotas un técnico nunca puede ni debe realizar las operaciones solo. Hacerlo viola leyes y regulaciones vigentes en casi todos los países, incluido el nuestro. Si existe algún técnico con habilidades y conocimientos envidiables por cualquier profesional es un caso raro, es decir, excepción que reafirma la regla.

Las clínicas también emplean a estudiantes aventajados o que se quedaron a mitad de los estudios cuyo estado laboral legal corre por los mismos cauces que los del técnico especializado en mascotas.

Y, por qué no decirlo, muchos veterinarios abren su clínica de mutuo acuerdo con uno o más veterinarios o los contratan como sus asistentes. Todos trabajan bajo un principio: hagan lo que hagan la responsabilidad recae por entero sobre el director de la institución, sea ésta pública o privada. Así lo disponen leyes y regulaciones.

Toda clínica veterinaria, por pequeña que sea, tiene un director. La palabra del director es ley y orden para sus subordinados. Sus relaciones con éstos deben apoyarse en una disciplina laboral acorde con las disposiciones oficiales vigentes, la comprensión de sus problemas, escuchar sus sugerencias (sin estar obligado a dar una respuesta) y, a cambio de ello, recibir muestras de fidelidad ante los problemas que a diario enfrentan estas instituciones, en especial las relaciones con el público.

El director, sea dueño o responsable ante una entidad estatal, centro universitario u ONG, está obligado a velar por el buen funcionamiento de la institución; debe tener capacidad económica para adquirir los medicamentos e insumos necesarios, supervisar los registros económicos y contratar todo tipo de trabajadores eventuales que las circunstancias obliguen. En fin, un nivel de autogestión mínimo, con una autonomía de gastos que, aunque limitada, pueda resolver una situación inmediata.

Y podríamos dialogar mucho más acerca del *affaire* entre gato, clínica y veterinario.

El envenenamiento del gato

Dar una definición de veneno en los tiempos que corren es tarea difícil, porque aunque muchas sustancias son venenosas *per se*, otras, de acción medicamentosa en pequeñas dosis, son tóxicas cuando aumenta su cantidad.

Una definición clásica de un veneno, pudiera ser "sustancia que por sus propiedades físico-químicas y una dosis superior a la dosis tóxica mínima es capaz de alterar la estructura anatómica o la actividad funcional del organismo animal" (L. Segatore, 1963). De hecho, todo veneno es una sustancia altamente tóxica.

Para ningún propietario es secreto que uno de los accidentes de difícil ocurrencia es la intoxicación y más difícil aún el envenenamiento. El gato actúa desconfiado antes de llevarse algo a la boca y lo cuida mucho más que al perro, caballo, reses u otros animales cercanos al hombre. Pese a lo anterior, la intoxicación o envenenamiento del gato ocurre, con baja frecuencia, pero ocurre.

Esos gatos que corretean por los pocos montecitos que aún quedan en la ciudad están en contacto con plantas tóxicas, algunas de las cuales ingieren e incluso hoy forman parte de las plantas ornamentales del hogar por las que el dueño paga... Y no poco.

Algunas plantas sólo provocan irritación de la piel (manzanilla, crisantemo, nochebuena, higuera). Otras son altamente tóxicas (hortensia, adelfa, jazmín, espinaca, verdolaga).

Aunque la naturaleza es reserva de tóxicos, cualquier hogar cuenta en sus alacenas con productos capaces de provocar el envenenamiento del felino adorado, entre los que figuran desinfectantes y productos de limpieza a partir de formaldehído, fenol y el alquila-ariltío, sulfato base de la mayoría de productos lavarropas y fregadores.

Una buena parte de casos de intoxicación recibidos en la clínica es por el uso indebido de insecticidas sobre la piel, que de inmediato el gato quiere limpiar y lame una y otra vez hasta que se provoca el cuadro de intoxicación.

El lanzamiento del chorro de insecticida sobre un gato es una de las acciones asesinas que hombres desalmados emplean para su aniquilación, aunque las más de las veces es el propio amo, en su afán de eliminar las pulgas, quien lo aplica.

Estos tóxicos van desde el lindano, pasan por organofosforados exclusivos del ganado y los perros para terminar en un listado enorme de derivados del petróleo (keroseno, gasolina, gasoil, aceite de motor usado).

Sus síntomas son vómitos, disnea, temblores que pueden devenir en convulsiones, coma y muerte del animal, todo de manera muy rápida.

Los raticidas (warfarina, arsénico, estricnina, fosfuro de cinc) y el fluoracetato de sodio —de todos conocidos como 1080— pueden inducir al envenenamiento por consumo directo y, rara vez, cuando comen una rata envenenada.

La intoxicación por estricnina es reconocible por la opistotomía o cuello de cisne, digo, la cabeza doblada hacia atrás y manos y pies completamente extendidas que nos recuerda al tétanos. Un golpe sobre la mesa provoca una respuesta de alteración característica que lo diferencia de un síndrome epiléptico. Y es importante diferenciar, rápido, lo uno de lo otro.

Cuando el veneno ha sido ingerido por lamido o por equivocación del animal, sean insecticidas o raticidas, el tratamiento será similar al empleado en cualquier otra especie, es decir, inducir el vómito. El agua oxigenada al 3% se utiliza como emético por su acción como irritante gástrico, a dosis de 2 ml/kg vía oral, y si el vómito no se produce antes de transcurrir diez minutos se repite la dosis.

En algunas ocasiones se aconseja la administración de una cucharadita de sal con agua, sobre todo si hace pocas horas que ingirió el tóxico y éste no es corrosivo.

Siempre será preferible practicar el lavado estomacal con el auxilio de una sonda esofágica (sin mandril) que debemos medir desde el cartílago xifoides hasta el esófago e introducimos con el enfermo echado sobre el flanco izquierdo, de manera que nuestra mano derecha sea más diestra. Si el operador es zurdo puede invertirlo, sin tropiezo alguno.

El procedimiento es sencillo cuando el gato está deprimido y olvida su condición de pequeña fiera. Si el paciente no coopera será necesaria una sedación.

Siempre me encanta emplear la xilaxina, que tranquiliza en cinco minutos y además tiene como ventaja que induce un vómito inicial inmediato.

El resto del proceder terapéutico será limpiar los residuos de insecticida corporal porque se absorben íntegramente por la piel y mantener el equilibrio de líquidos corporales con sueros hidratantes, que en momentos tan críticos favorecen la eliminación de las porciones del tóxico que hayan pasado a la sangre.

El problema más serio de la intoxicación es la complicación respiratoria, que en muchos casos requiere de intubación y administración de oxígeno, procedimientos no siempre disponibles en una clínica y mucho menos en el maletín médico.

Hay otro procedimiento asesino al cual el gato no escapa con vida: la leche sobrecargada de canela, cuyo sabor agrada al gato e ingiere sin límites. La terapéutica es la misma, pero el pronóstico es muy reservado.

Un envenenamiento fortuito es el ocasionado por el etilenglicol empleado como anticongelante en los hogares. Se hace cada vez más repetitivo porque el sabor dulzón gusta al gato y una sola cucharada suele ser suficiente para sesgar su vida.

Otras intoxicaciones no menos importantes son las ocasionadas por mariscos (camarones, langostas, pulpos y otros), cuyo nivel de colesterol y liberación de histamina se hacen intolerables al gato. Es bueno esclarecer que el minino gusta de los crustáceos tanto como el hombre ¡Y mira que a mí me gustan los mariscos!

La intoxicación por comidas descompuestas es muy rara; en contraposición, en los últimos años cada vez aparecen más intoxicaciones por medicamentos de uso común antiálgicos (aspirina, paracetamol) o para dormir (antihistamínicos); también altas dosis de vitaminas A y D.

Nunca medique a su gato sin consultar antes al veterinario, ni utilice productos contra parásitos externos que no sean específicos para esta especie.

Consulte al especialista siempre que vaya a usar algún insecticida para eliminar los ectoparásitos.

Nunca olvide que de buenas intenciones está empedrado el camino del infierno.

El casamiento de los gatos

La gata, atendiendo a la forma de presentación del ciclo estral, es una hembra *policíclica anual*, es decir, se suceden los periodos estrales uno tras otro. Así, no es de extrañar que aun amamantando la cría, presente nuevos calores que propician el acercamiento de los machos y sea cubierta.

El destete en una camada nacida en el hogar es a partir de las siete semanas del alumbramiento, aunque en la vida natural los gatitos están mucho más tiempo junto a la madre. Todos los veterinarios hemos visto hembras recién paridas cuya camada desplaza a gatitos de un parto anterior que permanecían aún junto a ella en ese proceso de aprendizaje de nunca acabar.

El profesor Lubos Hôly, iniciador de la escuela cubana de reproducción animal hace más de 40 años, explicaba en sus lecciones que la presentación del celo en la gata doméstica es inducida por la sola presencia del macho, lo que, continúa Hôly, bien pudiera ocasionar una enorme carga de estímulos en los centros nerviosos con retroalimentación positiva y negativa a lo que denominó *mecanismo de feed-back*.

Nada más cierto: la hembra clama por el macho; emite un sonido peculiar para atraerlo y ¡ya! Tenerlo cerca la desordena, como en los versos de Carilda: "Me desordeno, amor/ ¡Me desordeno!"

El celo suele durar de dos a tres días, aunque puede prolongarse hasta una semana e incluso más allá. Durante este periodo maúlla continuamente; lo hace de manera desacostumbrada, tan alto que insulta el oído humano. Es lo que en todos los países de habla hispana llamamos *gata ruina*, término vejatorio para una de las más bellas escenas de solicitud de cortejo en la reproducción de los mamíferos.

Una buena parte de las agresiones del hombre contra los gatos ocurre en las noches y madrugadas, cuando la hembra clama por la atención sexual del macho; estos se fajan entre sí por la primicia de su posesión, armándose una de esas bataholas de nunca acabar donde fuerza y colmillo deciden quién será el agraciado de los favores sexuales, al menos, la primera oportunidad. Son broncas tumultuarias que impiden dormir a los vecinos, que lanzan zapatos, baldes de agua y cuanto tengan a la mano para ahuyentarlos.

Los machos suelen acudir ante los reclamos de la hembra y a veces se reúnen tantos para hacer lo suyo que nos preguntamos: ¿y dónde viven tantos gatos? No resulta extraño contar una docena de machos ante la llamada de sólo una hembra.

El casamiento de los gatos es único entre los animales del hogar, el patio y el traspatio: la hembra entra en calores y si no está completamente encerrada sale en busca del macho, suspira por él. Lo busca a capa y espada, adopta una posición provocativa, se apoya fuertemente sobre las extremidades posteriores, alza la cola y queda inmóvil en espera de la cubrición.

El macho triunfador de la trifulca no se hace esperar. La monta, pasa sus manos y la abraza a nivel del abdomen y la muerde cariñosamente en el cuello. La penetración es rápida, como también lo es la eyaculación, tras lo cual el macho queda algún tiempo descansando abrazado sobre ella hasta que se separa.

Tras la separación ocurre algo curioso: la gata se regodea dando vueltas de tonel sobre el piso, mientras el macho la observa como alucinado y apenas pasados 15 minutos arremete sus fueros calóricos nuevamente una y otra vez durante toda la noche (95% de las cópulas son en horario nocturno) y así por varios días.

Se comprenderá que no todos los machos están en capacidad de complacer a una hembra, pudiendo ser relevado por otro(s) que completa(n) la labor iniciada.

Es fácil entender que casi la totalidad de las gatas cubiertas al libre instinto sobre techos y azoteas quedan gestadas.

El gato doméstico tiene en la fertilidad, precocidad y proliferación, tres cualidades biológicas que, bajo ciertas circunstancias, le pueden convertir en una plaga indeseable. Vale señalar que la hembra es capaz de gestarse a los seis meses; el macho de procrear a edades inferiores. El periodo de gestación es de 60 a 63 días y el tamaño de la camada de dos a cuatro cachorros como mínimo.

Todo esto ocurre tres veces al año. Qué decir de esas gatas que paren seis cachorros repetidas veces en un parto tras otro. ¡Horror! El récord mundial lo ostenta una burmesa del Reino Unido que parió 19 cachorros en sólo un parto en 1970. En realidad no los parió: fueron extraídos con cesárea quirúrgica por un veterinario cuyo nombre nunca vio la luz pública. Injusticias de los periodistas.

Fácil se comprenderá que una pareja de gatitos traída a casa puede endilgarnos, en un abrir y cerrar de ojos, una camada no deseada; en un año llenarnos la casa y en menos tiempo que el necesario para construir un edificio sobresaturar de gatos toda la barriada.

Y no podemos contar con ese equilibrio biológico que tanto escuchamos a diario, mediante el cual acudirían sus enemigos naturales (buitres y otras aves de rapiña) en mayor número porque si bien en los campos aún vemos estas rapaces, hoy apenas se ven en las ciudades. La otra opción sería esperar por una de esas epizootias que diezman las poblaciones porque el saneamiento ambiental hoy es más efectivo que nunca.

Hay una práctica casi universal para el sacrificio de gatitos no deseados: tomar uno a uno e introducirlos en un depósito de agua hasta que se ahoguen, lo cual me parece tan cruel como quemarlos o colgarlos. Entonces, ¿qué hacer para controlar la población felina? La respuesta es sencilla: la eliminación de la capacidad reproductiva del macho y la hembra por medio de procedimientos quirúrgicos o medicamentosos. De este asunto peliagudo nos ocupamos en el capítulo "La esterilización del gato(a): ¿Bueno o malo?"

El parto de la gata

La gata cubierta por el macho ha quedado gestada. Usted lo sabe porque la llevó a su veterinario unos 30 días después de la fecha en que se apareó con la pareja ideal o, simplemente, escapó de casa para entregarse a ese frenesí amoroso de los felinos libertinos.

Si no asistiera al veterinario tendrá que calcular 45 días, cuando ya su diámetro abdominal aumenta ostensiblemente, lo cual confirma que tendremos gatitos en la próxima quincena.

Resulta muy práctico anotar la fecha de cubrición o escapada de la casa bajo reclamo del sexo opuesto y calcular el parto nueve semanas después.

La gata, vista como especie, pare con mucha facilidad y durante mucho tiempo. Se tiene como récord de longevidad el de *Kitti*, que en su último parto dio vida a dos pequeños maulladores cuando ya contaba con 30 años de edad y haber dado vida a 218 cachorros.

Los fetos crecen dentro de la bolsa amniótica, saco formado en la luz del útero repleto del líquido amniótico que le protege contra golpes de todo tipo, a modo de un objeto introducido en un globo de niños y luego llenado de agua.

Cada feto posee su propia bolsa amniótica y se nutre a través del cordón umbilical, un nexo entre madre y fetos conformado por arterias que lo nutren y venas que recogen la sangre malsana, es decir, con impurezas generadas en el metabolismo fetal. El ombligo es la cicatriz que resta de esta unión. Dos fetos en una única bolsa podrían ser gemelos casi idénticos.

El crecimiento del feto es de progresión logarítmica, de manera que si a las cinco semanas es sólo una pequeña canica, a las siete ya es un pequeño ser formado y a las nueve, un feto acabado que lucha por salir del útero porque la madre ya no es capaz de alimentarlo.

Justamente muchos definen el parto como una respuesta biológica de la madre incapaz de prolongar su manutención intrauterina, algo muy didáctico cuando lo explicamos al aficionado que puede ser usted, pero incompleto si lo decimos a colegas u otros profesionales relacionados con las ciencias biológicas. Ante cualquier discusión de este tipo ¡levanto bandera blanca!

Unos días antes del parto veremos cambios en su conducta: aislamiento de la familia humana, pérdida del apetito, formación de acomodos con paños y otros actos que, en la vida silvestre, tienen su equivalente con la elección de un lugar fresco, seco, cúmulos de la hojarasca y protegido de enemigos.

Siempre será aconsejable propiciar las condiciones para un buen parto. Una caja de parto, cuyo suelo se protege con hojas de periódicos que propician el calor necesario y fáciles de extender y cambiar una o dos veces al día, aunque hay quienes prefieren emplear paños recuperables. Cualquiera de las dos maneras es acertada.

El trabajo de parto comienza con la rotura de la primera bolsa amniótica y en ello interviene un reajuste hormonal, mediante el cual desciende el nivel de la progesterona que protegió la tranquilidad de la musculatura abdominal y del propio útero. Al mismo tiempo se liberan otros productos glandulares como la relaxina, cuya acción es dilatar el cuello del útero y el complejo sistema muscular del canal pelviano.

Rota la bolsa, la salida no se hace esperar y pronto el feto se convierte en cachorro, es decir, sale al exterior. La salida debe ser sin dificultad y en menos de una hora el primer gatito ya debe estar junto a su madre.

El primer gatito nace por igual en presentación cefálica (de cabeza) o en presentación caudal (de nalgas) cubierto por las membranas de la placenta fetal.

Una y otra formas de presentación suelen alternarse durante el parto sin tropiezo alguno. La madre con su lengüeteo retira esta membrana y rompe el cordón umbilical con los dientes.

El segundo gatito suele salir sin mayores complicaciones a los 30 minutos y con ese intervalo de tiempo saldrán los demás, por lo común entre dos y cuatro criaturas, aunque en ocasiones la camada es mayor.

Tras la salida del gatito la hembra expulsa la placenta materna, o sea la parte adherida al útero, y la engulle con avidez. Se trata de un alimento de alto valor biológico que cumple la misión de ser el primer gran alimento para reponer las energías perdidas en tan fatigosa acción fisiológica como lo es el parto.

Se ha discutido mucho si es o no conveniente permitir la ingestión de las secundinas. En lo personal concibo que el hombre nunca puede igualar en ventajas a lo que la naturaleza ofrece. De hecho, en la casi totalidad de los partos hogareños no supervisados por el amo éstas desaparecen como por arte de magia. Simplemente son engullidas con avidez

La distocia del parto en la gata es menor que en la perra y su causa más frecuente es la estrechez del canal pelviano por defecto anatómico, como consecuencia de un accidente ocurrido algún tiempo atrás o, más sencillo, el padre es un gato gigante y transmite esta cualidad a su descendencia. También pudiera ocurrir por inercia uterina, desequilibrio hormonal, nerviosismo exagerado de la parturienta y otros fenómenos menos frecuentes.

Si la bolsa amniótica ha sido rota, la gata puja por parir y han pasado tres horas y todavía nada, cargue con su mascota parturienta para una clínica veterinaria.

El empleo de oxitócicos destinados a aumentar la contracción del útero para favorecer la expulsión de los cachorros no es aconsejable en la gata. Siempre será preferible la operación por cesárea, intervención quirúrgica compleja, pero dominada por cualquier veterinario con alguna experiencia en la clínica de animales afectivos.

El propietario nunca debe forzar al veterinario novel a realizar una cesárea, porque la respuesta inmediata será anestésica, bisturí y tijeras.

Si se tratase de un veterinario con experiencia entonces usted puede hacer lo que le venga en gana. Todos los veterinarios sexagenarios somos como los viejos caimanes, cuyo pellejo es cada vez más duro por ser cada vez más viejo. Somos conservadores y siempre prevalece el interés de preservar la vida del paciente sobre cualquier capricho de su propietario, aunque en ocasiones, admito, nuestra decisión no sea la más acertada. Gajes del oficio.

La operación cesárea puede ser aprovechada para la esterilización de la hembra y si se tratara de una gata de alto valor genético realizar una incisión en el útero y extraer por ella todos los gatitos contenidos en la matriz y luego suturar con catgut cromado o alguna de esas nuevas cuerdas de poliéster (cesárea conservadora).

El propietario de la gata en apuros debe especificar al veterinario si desea los gatitos o no; si quiere la esterilización al unísono o prefiere que la gata mantenga su vida reproductiva, pero si así no ocurriere el veterinario puede tomar la iniciativa. Al fin y al cabo en estos asuntos las cosas están definidas por quien habla primero: Si la montaña no viene a mí, yo voy a la montaña.

Los gatitos recién nacidos

Los primeros cachorritos suelen ser los más fuertes y vigorosos. De hecho, fueron los inaugurales los que ganaron el canal de parto, aunque en biología nada es exacto.

Curiosamente de feto a cachorro es el único cambio de categoría zootécnica que ocurre en segundos.

Los gatitos suelen pesar entre 60 y 70 gramos y de inmediato comienzan a maullar, buscan las mamas y succionan la leche materna. Dan sus primeros pasos entre los diez y doce días y abren los ojos después de los 15 días.

Gatitos de ocho días de nacidos.

El propietario debe suministrarle a la gata recién parida alimentos apetitosos y nutritivos; de lo contrario se exacerba su espíritu de cazadora y arrasa con cuanto ratón, rata o polluelo ronde su hogar y aun más allá de la periferia. Muchas de las camadas abandonadas son resultado de un alejamiento excesivo del hogar, donde la caza es abundante. Entonces lo maternal es vencido por ese instinto casi enfermizo de cazadora. La naturaleza no es perfecta.

Con frecuencia la madre abandona algún cachorrito a su suerte e incluso lo aleja de sí, como para no verlo jamás. El hecho tiene una justificación biológica: la madre no lo considera apto para la vida. El canibalismo en la gata parida, por muchos gatitos que haya en la camada, es muy raro.

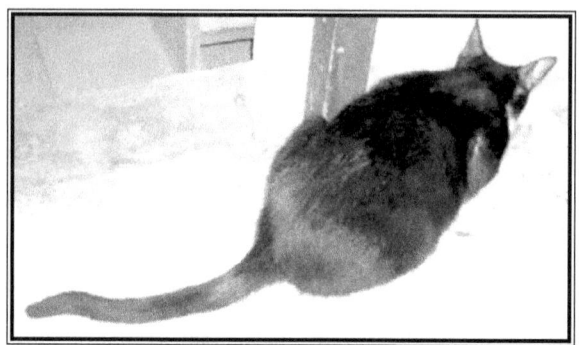

Gata recién parida. Apetito voraz.

Si la madre muere o simplemente abandona la camada recién nacida, comienza una etapa engorrosa para el dueño. Criar gatitos a mano es algo muy trabajoso y de resultados inciertos.

En algunos países se venden sustitutos de leche de gata enlatados o en polvo. Se suministra con uno de esos biberones con los que las niñas juegan y se limitar a unas gotas cada hora de día y cada dos horas en la noche.

Gatitos de 20 días en lactancia.

Gatitos siameses, comiendo a los 40 días.

En Cuba no suele venderse leche ni de gata, ni de perra y los criadores acuden a la leche evaporada con altos valores biológico y nutritivo; sin embargo, en cuanto pueden engullir algún cereal se lo suministran. Los resultados son variables, las más de las veces pálidos.

De todos modos el gatito que no toma leche materna carece de los anticuerpos en ella contenidos y suele ser presa fácil de las enfermedades comunes. Siempre es aconsejable vacunar a estos cachorros huérfanos. Lo antes posible.

Donde hablamos del mundo, los hombres, las sociedades y los gatos

Mis lectores de *Bohemia*, la revista cubana para la que he escrito durante más de 20 años, me preguntan mucho más acerca de perros que de gatos, pero aun así son muchas las respuestas acumuladas. De ellas sintetizo algunas ya publicadas con anterioridad en mi libro *Animales del hogar, el patio y el traspatio* (Editorial Científico-Técnica, 2006).

Los gatos son animales muy cariñosos cuando se les atiende bien. Les gusta ser acariciados por su amo, permaneciendo largo rato en su regazo. He conocido muchos gatitos que ingieren pastillas o cucharadas con fines terapéuticos. No obstante, hay que admitir que la administración oral de fármacos en los gatos es tarea engorrosa y peligrosa, siendo preferibles las inyecciones.

Los gatos adoloridos reaccionan mordiendo a quien se atreve a tocar el foco álgido. Amigo, tenga cuidado pues una mordida felina es algo de cuidado, se lo digo yo, con la experiencia de haber sido mordido en muchas ocasiones.

Nunca más vuelva a emplear *lindano* para eliminar las pulgas de su gato. Se trata de un producto de alta toxicidad. En consecuencia, convulsiones, coma y muerte es vista a diario en todas las clínicas veterinarias del mundo.

Existen productos especializados de eficacia a su alcance. Consulte con su veterinario amigo.

¡Un gato mudo! Vaya defecto físico, por cierto, poco visto. La ausencia del maullido está asociada a una parálisis del nervio recurrente el cual inerva la laringe. Las cuerdas vocales quedan inalterables al paso del aire, impidiendo el estira y encoge indispensables para que se produzca el sonido. Por lo general el trastorno es congénito e irreparable.

Los gatos son animales con un asombroso sentido de la independencia. Por buena atención que reciba, si es golpeado o maltratado por alguno de los miembros de la familia toma las de Villadiego y no volverá a ese sitio, salvo para tomar algún bocado al descuido de sus antiguos amos. Y ocurriría cuando la situación de subsistencia se torne extrema, pues los gatos arrabaleros son magníficos cazadores.

Hay quienes aseguran que los felinos hogareños comen con los ojos cerrados para olvidar dar las gracias a quien los alimenta, hecho que nadie ha podido probar, ni tampoco desmentir.

Veinte gatos en un apartamento parece cifra que escapa a la lógica felicidad de tener una mascota hogareña. Tantos maulladores conspiran contra su tiempo, tranquilidad y su propio tropel felino.

Si agregamos el poco ejercicio, luz y aire disponibles, se cumplen las premisas para un brote de una de esas enfermedades que diezman las poblaciones de cualquier especie.

Entonces, mi buen lector, le sugiero:

1. Deshágase de su excesiva población felina. Es preferible que lleve bien lejos a los más hábiles y fuertes para sobrevivir sin la ayuda de una persona bondadosa como, de seguro, lo es usted.
2. A fin de evitar un crecimiento desmesurado, trace un plan de esterilización con los restantes.
3. Para evitar la llegada de nuevos inquilinos maulladores, cambie su apartamento por otro situado en un décimo piso y cubra con malla las ventanas.
4. Por último, cuando vea un gatito en apuros cierre bien los ojos, apriete bien el paso y aléjese del lugar lo antes posible.

Debe usted admitir que el bando de recomendaciones ha quedado muy bien, aunque dudo que personas de gran corazón como usted sean capaces de ignorar estos indefensos soplos de vida.

Echar culpas a su gatita por sus accesos de asma bronquial me parece tan ilógico como el refrán francés *¡cherchez la femme!* O sea, el culpable es quien está más cercano al hombre.

La respiración penosa, propia de los asmáticos, se sabe es provocada por sustancias sensibilizantes denominadas *alérgenos* que obran sobre una persona predispuesta o hipersensible al producto.

Se ha demostrado que los pelos de los gatos, caballos y perros pueden actuar como alérgenos en el desencadenamiento del asma. Pero... ¡Aguántese!

Son alérgenos también algunos alimentos como huevos, verduras, frutas, carnes, pescados y mariscos; sustancias vegetales, semillas, polen de flores, trigo, avena y maíz; tambien medicamentos como aspirina, penicilinas, barbitúricos; al igual que tejidos, sedas, lino, colchones.

Agréguese perfumes, jabones, cigarrillos, chocolates, en fin, ¡el copón divino!

¿Cuál de estas sustancias u otras de un listado interminable es la que desencadena sus ataques de asma?

Consulte con su médico familiar, pues renunciar al placer personal de tener un gato nos parece una similitud con el conocido cuento del sofá que servía de lecho a una mujer infiel que al ser sorprendida *in fraganti* el cónyuge burlado decide... botar el sofá.

La paulatina enfermedad que destruyó los cornetes nasales de su gata *Misha* se denomina rinitis atrófica progresiva (RAP) y puede estar o no asociada a esa caída desde gran altura que usted refiere.

La rinitis puede tener un origen infeccioso, sin descartar un tumor de crecimiento acelerado. La evolución del mal descrita en los tratados es exactamente igual a su detallada descripción, a tal punto que se convertierte en un reporte de caso, con antecedentes científicos, pues se cita a los gatos como fuente de contagio a cerdos, entre los que el mal es muy conocido, en especial en las piaras de reproductores de la raza Hampshire.

Hay reportes de veterinarios suecos, alemanes y checos que dicen y contradicen lo que usted dijo. Así, evitemos malos recuerdos y valgan las ansias de vivir de su gatita.

Si su gatita *Mesalina* ronronea de manera inusual, pero que todos entendemos lo que quiere (¡oh, pudor!), y hace lo imposible para salir del hogar, debemos pensar que liberará varios óvulos de sus ya maduros folículos.

Entonces, a su pregunta: ¿Puede una gata quedar grávida de dos o más gatos en una misma gestación?

Respondo con un categórico SÍ. Vayamos por partes:

1. Un parto múltiple es resultado de una *poli ovulación*, es decir, el desprendimiento simultáneo de varios óvulos.
2. Cada gameto femenino requiere ser fecundado por la simiente masculina o *e*spermatozoide; el más fuerte y apto para perforar la cubierta del óvulo.
3. Para nadie es secreto que su *Mesalina* puede ser cubierta por dos, 22 o, quizás, 222 gatos en una o varias noches. De tal modo, podemos aceptar

que un solo gato sea capaz de aportar todos los nemaspermos necesarios a la fecundación y también que sean más de uno los futuros padres de la camada.

De aquí, dos variantes lógicas:

1. Que todos los gatitos nacidos sean hijos del mismo padre.
2. Que sean dos o más gatos-padres los orgullosos de su prole nueve semanas (63 días) posteriores a los hechos.

En fin: *consumatum est*. Lo muy difícil (en Biología no concibo nada imposible) es un gatito con dos padres. ¿Entendido?

Un *don Juan Gato* pone su vida en juego cada noche para hacer valer su condición de paluchero. A veces regresa herido, otras golpeado y siempre cansado hasta el agotamiento.

Es un gato, como dice la canción, "entre la vida, entre la muerte".

No lo piense más: acuda a un veterinario para su pronta castración.

¡Es cierto! La población de gatos en La Habana ha crecido a niveles que algunos podrán considerar alarmantes. ¡Yo no! En contraposición, ¿se ha fijado cuánto han disminuido las ratas, ratones y demás alimañas?

Otra faceta del asunto es el aumento de las pulgas, lo cual atañe a los mininos y también a la importante disminución del número de fumigadores al servicio de la ciudad que, de paso, eliminarían cucarachas y hormigas también abundantes.

Declarar a los gatos plaga de esta ciudad encierra el peligro de romper el equilibrio biológico ahora tan beneficioso para nuestra querida capital; no obstante, se requiere de un programa masivo de esterilización, solución factible y compatible con la sensibilidad del hombre contemporáneo, pues me horroriza pensar en escopetas y trampas y venenos como solución holocáustica al problema de los gatos de La Habana.

Quizás cobre pujanza la Sociedad Cubana de Protección a los Animales y las Plantas (Aniplant) y logren llevar a vías de hecho la creación de estos centros de esterilización masiva de animales vagabundos y del hogar, donde ovarios y testículos quedarán ¡out! (1987).

Nota de dolor. Murió *Sócrates*, un gato tan negro como la noche oscura y tan inteligente como su propio nombre.

Había recorrido una buena parte del mundo acompañando a sus propietarios, orgullosos de su tanta belleza y sagacidad. Víctima de un terrible mal, descendió su hemoglobina hasta niveles críticos. Su bien cuidada figura adelgazó bruscamente y en tan sólo cuatro semanas ya en nada se parecía al gato que fuera la admiración de todos y el orgullo de sus amos.

Simpático, grácil, tan dócil como una paloma, así era el *Sócrates* que hoy incorporo a mis memorias, cuya existencia nunca será olvidada.

Usted me trae a la consulta una de esas gatas habaneras que cada 61 días paren de dos a cuatro gatitos que nadie llega a saber quién fue su padre.

Quiere que su adorable *Cleo* nunca más se vea en los peligrosos trances de un paritorio cuando los años ya dejan sentir sus daños, pues sabe, —¡bien que sabe!— que el mucho llenado y vaciado del útero acarrea, más temprano que tarde, complicaciones de salud.

De hecho, solicita una ovariohisterectomía, o sea, la intervención quirúrgica para la ablación completa del aparato reproductor de la hembra y, con ello, el fin de su vida reproductiva.

En el orden médico las cosas serán anestésicos, tijeras y bisturí; pinzas y suturas, a lo que se agrega lo principal: trabajo y pericias profesionales y, ¿por qué no decirlo? Un poco de suerte para que todo salga bien.

Simpático pelicorto cubano.

Entonces, mi estimado Julio, nuestra ética moral estará ya conforme al punto justo del equilibrio entre proteger a *Cleo* y el gato ya parido, crecido y huido de casa; sin embargo, sería bueno que abordáramos el tema del otro equilibrio, eso que le afecta a usted, a mí y a todos: el biológico, algo que todos escuchan y aceptan como un eslogan del modernismo, pero pocos creen una obligación ciudadana más salir en su defensa.

En 1988 escribí en esa misma columna (*Bohemia*) acerca de las proporciones entre el número de gatos en la Isla de Madeira, lugar que, para algunos entendidos, cuenta con la mayor concentración de felinos en un área determinada en el orbe y la del área del municipio de Centro Habana, y de tanto gato que se daba cita cada noche para comer en el Parque Central, la Fragua Martiana, al costado del Hospital de Emergencias y otros sitios de esta Habana que me vio nacer y en la que seré un difunto más cuando Dios lo decida.

¿Dónde están hoy esos gatos? La respuesta todos la sabemos: en ninguna parte. Simplemente la población felina ha descendido a niveles alarmantes, al punto de que pocos son los gatos callejeros.

El fenómeno ecológico entraña un peligro para todos: la proliferación de ratas, ratones y otras alimañas dañinas a usted, a mí y a todos los cubanos. Entonces, ¿qué hacer?, dirán mis tolerantes lectores, y yo les respondo: ¡Dejad que se reproduzcan los gatos!, pues es la etapa de la gata gran cazadora de ratas y ratones.

Claro está, ante casos como el de *Cleo*, en que la salud reclama la acción del filoso bisturí para preservar la vida, es actuar noble y racional, pues el ecologismo en nada se parece a la filantropía o la cursilería.

La llegada de un gatito al hogar ocasiona ciertos cambios que no todos los miembros del núcleo familiar aceptan por igual. Mientras unos piensan que es alegría y cierta protección contra ratones y otras alimañas, otros hablan de un ladrón de comidas, transmisor de enfermedades y chorros de orina aquí y allí; acá y allá. Si en ocasiones hay rechazo a la creación de nuevos matrimonios dentro de estos núcleos familiares ya grandes, ¿sorprende a usted el rechazo ante el inquieto minino?

La cola del gato siamés desviada hacia uno u otro lado, sin dolor alguno a la palpación, suele ser una *hernia vertebral caudal* y no constituye enfermedad. Lejos de eso, a esta anormalidad suele dársele un carácter de atributo de pureza racial. Así, ¡nada de preocupación!

Inyectar a los gatos es obligación relegada, innecesariamente, al veterinario. Considero que el propietario también debe saber inyectar a su pequeño felino. Para ello ha de disponerse de jeringuillas, aguja y coraje a prueba de sustos.

Lo más importante es inmovilizar al animalito agarrando firme el pliegue cutáneo dorsal del cuello, mientras con la otra mano se sostienen las dos patas, estirándolas hasta tensar el cuerpo.

Entonces se voltea el gato contra la mesa, de tal manera que las garras delanteras se encuentren lejos de usted y de la persona que va a inyectar lo indicado por el veterinario. Si el medicamento prescrito admite la administración subcutánea, bastará con levantar la piel del flanco derecho y allí depositar el contenido de la jeringuilla, y si fuera intramuscular entonces agarre uno de los miembros posteriores y clave la aguja en su parte más musculosa. La desinfección previa con alcohol u otro bactericida ayuda en la profilaxis local.

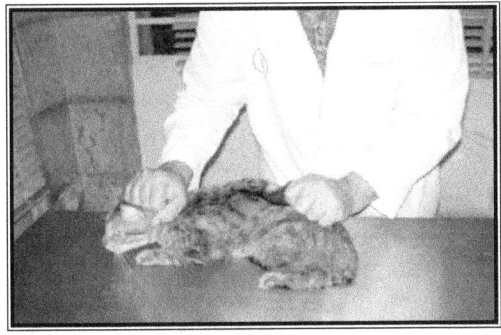

Sujeción e inmovilización del gato.

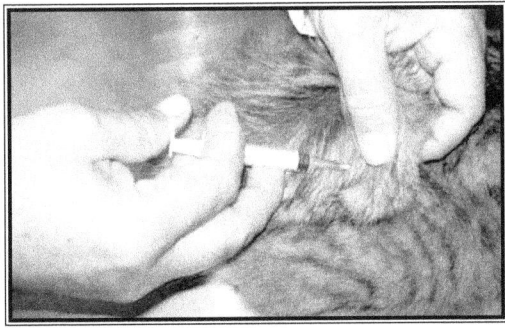

Inyección subcutánea del gato.

Usted pide consejos para cambiar los hábitos anormales de su gato. Me dice: "teme terriblemente a las alturas, a las ranas y las lagartijas". Y agrega: "tampoco le interesan las gatas y hace sus necesidades en el baño".

Mi estimada lectora, el gatito traído a casa muy temprano suele eludir los hábitos propios de la especie y adopta costumbres de su nueva tribu, en este caso la familia humana que tanto cariño le prodiga.

La timidez le viene de su condición de vida enclaustrada, casi ascética, sumada a la superioridad física y mental del hombre que lo protege.

Hay millones de gatos como el suyo en Europa y Norteamérica, pues en nuestra tierra, pletórica de nervio y pasión; de sol y cielo, es poco visto un gatito bitongo, modelo de animal de compañía en el hogar.

¡Nada hay que cambiar! Estoy seguro que miles de lectores le acogerían con agrado y a cambio le enviarían tres tristes tigrecillos folklóricos, de esos que pasan la noche correteando por las azoteas y arrabales en busca de diversiones, trifulcas y placeres para luego regresar a casa cansados, hambrientos, magullados y con muchas ganas de dormir.

En fin, su gato vale un Potosí. ¡Cuídelo!

Las definiciones existentes del gato son prueba irrefutable del humorismo presente en el cubano de ayer, de hoy y de siempre.

Un gato al nacer es algo que se escucha entre los trastes del patio; al mes, una discusión con el cónyuge porque no quiere tener animales dentro de la casa; a los dos meses, un par de medias echadas a perder; a los cuatro, un búcaro; a los ocho, una bronca con el vecino por el robo de un pescado; a los nueve, chorritos de orina por todas partes.

Al año, un catarro, una visita al veterinario donde tendrá que soportar una perorata acerca de las ventajas de la castración. A los dos años, un empedernido Don Juan sobre los techos de la barriada.

Desde los tres y hasta cuando nadie puede predecir continuará en los amoríos, hurtos del pescado ajeno y las visitas al veterinario cada vez más frecuentes para restañar las heridas en batallas campales nocturnas.

Al final el gato es un cúmulo de tierra cercano al hogar donde yacen recuerdos imborrables de un ser irracional que nos acompañó por mucho tiempo en las duras y las maduras.

Su *Mufasa*, ese gato enorme, por su belleza, tamaño y docilidad orgullo de usted, su familia y sus amistades, es resultado de:

1. Un factor genético, donde el gen determinante *gran tamaño* dominó sobre los caracteres opuestos (gen tamaño normal o pequeño).

2. Una *castración temprana*, acto quirúrgico cuyos beneficios sobre la salud del felino van más allá del simple celibato que habrá de acompañarle para toda la vida, digo, se mantendrá siempre dentro del hogar, sin las reyertas nocturnas tan propias de los felinos cuando discuten por la posesión de una hembra en celo.

La alimentación que se le suministró en las primeras etapas de la vida y la cual se ha mantenido casi constante, le han permitido llegar a los nueve años de edad con ¡18 libras de peso!, convirtiéndose, quizás, en un gato más hermoso que los de mi amigo Otto.

Valdría la pena que ustedes se conocieran y discutieran entre sí cuál gato lo es más.

En Cuba es raro encontrar gatos de gran talla, digamos, con más de diez libras. Recuerdo que mi profesor y amigo Humberto Galí-Menéndez y Mateo de Acosta atribuía el pequeño tamaño de algunos animales cubanos a cierta teoría muy compleja, algo así como "pequeña ínsula, pequeño habitante", y ponía de ejemplo las razas ganaderas de las pequeñas islas inglesas de Jersey y Guensey, y las tantas pequeñas especies nuestras (zunzún, ranita platanera, jutía Garrido y otras). Discutimos acerca del asunto muchas veces y nunca he estado de acuerdo con sus conclusiones y a mi edad ya no puedo emprender esos estudios.

Y como sobra talento nacional, les brindo la primicia a cualquier estudioso acerca del tema.

Una de las causas de eterna discordia entre perros y gatos radica en que el perro es sumiso y el gato no, seguro.

De su repulsa a las sumisiones nació la frase "el gato no quiere a nadie". Incomprensión, simplemente incomprensión.

Los gatos, a lo largo de siglos, saben de reverencias fanáticas y de odios injustos; han estado en pedestales y rodado por los abismos de la inquina y el desprecio.

Los alentadores de mitos y religiones le creaban aureolas de santidad, le edificaban templos y festividades en su honor. También le han atribuido malignidad ultraterrena, poderes de demonios invisibles y su presencia como preámbulo de acontecimientos fatales.

¡Hasta cuándo la cogerán contra nuestros amigos!

Si bien la frase "ponerle el cascabel al gato" fue popularizada por el sacerdote y escritor español Félix María Samaniego (1754–1801), se trata de una tradición oral ibérica sempiterna, asociada a esa perenne lucha entre el gato y el ratón, metáfora de la lucha entre el hombre sencillo, desclasado y sin riqueza ante el poder aplastante de las clases dominantes.

Lope de Vega (1562-1635) tomó este cuento desde mucho antes para unos simpáticos versos:

Juntáronse los ratones/ para librarse del gato/ y después de un largo rato/
de disputas y opiniones, /dijeron que acertarían/ en ponerle un cascabel/.
Salió un ratón barbicano/ colilargo, hociquirromo/
y, encrespando el grueso lomo/dijo al senado romano,/
después de hablar culto un rato/ ¿Quién de todos ha de ser/
el que se atreva a poner/ese cascabel al gato?

El parasitismo interno

Los parásitos son formas de vida indeseables que se nutren a expensas de otro animal; atacan a todos los géneros vivientes conocidos. Ninguna especie doméstica o salvaje; acuática, aérea o terrestre escapa de las parasitosis. Ni siquiera las sociedades humanas escapan de estas formas vivientes cuyas manifestaciones más conocidas son la vagancia y la burocracia.

Los áscaris y las tenias son los parásitos más comunes del gato. Las primeras son lombrices alargadas de mayor o menor tamaño. En la práctica es difícil encontrar un gato callejero —algunos prefieren el término *arrabalero*— libre de estas lombrices.

Los gatos *asilvestrados*, que viven en las áreas rurales o en las grandes extensiones de prados en las ciudades, aun cuando no presenten síntomas clínicos de parasitosis siempre tienen gusanos alojados en sus intestinos y vísceras.

Cuando la población parásita es reducida suele ser asintomática; algo más numerosa ocasiona diarreas, poco aprovechamiento de los alimentos, enflaquecimiento progresivo y abre las puertas a otros males de mayor patogenicidad, como la panleucopenia, la leucosis o la peritonitis viral, por sólo citar algunas.

Si la población de lombrices es numerosa puede ocasionar, además, obstrucción de las vías digestivas y, progresivamente, la muerte.

Las tenias son parásitos muy frecuentes y en algunos países —entre ellos Cuba— son los más numerosos, en especial el *Dipilidium caninun*, que es el parásito de mayor incidencia en perros y gatos. Fácil de reconocer por su forma de grano de arroz aplastado o semilla de pepino que pueden ser observadas a simple vista en las heces o en forma de costra seca en la periferia de la región anal.

Las lombrices deben ser analizadas en muestras de heces fecales enviadas al laboratorio y ante resultados positivos debe escuchar los consejos del veterinario. He empleado en gatos la piperazina contra el ancylostoma con buena respuesta terapéutica a lo largo de años.

El uso del mebendazol, el levamisol y sus derivados contra los oxiuros y toxacaras resulta eficaz; sin embargo, sus dosis en el gato deben ser calculadas con exactitud.

El praziquantel para *Dipilidium* y *Taenia felis* ha venido a llenar un espacio necesario en la terapéutica veterinaria soñado por muchos años. Su efectividad es probada y su toxicidad, casi nula; no obstante, la simple presencia de pulgas sobre el gato —al menos en Cuba— propicia la reinfestación una y otra vez. Una lucha sin cuartel a las pulgas siempre redundará en una disminución de la población parasitaria.

La piel: atenciones y cuidados

Todas las sociedades primitivas tienen un instrumento musical común: el tambor, suerte de cilindro ahuecado de variados tamaños y formas, cubierto por un parche de piel de res, caballo, ciervo u otras muchas especies, pero nunca de gato.

Se podría entender que todo lo místico de nuestro amigo felino provoque temor a la manipulación de su piel y desollar un gato ¡horror!; sin embargo, también es comprensible que en el gato sano, joven y fuerte la piel es muy delgada, y al depilarla es apenas una hoja de papel, poco resistente ante el golpeteo con las manos y menos, con un madero.

La principal función de la piel, cualquiera que sea la especie vertebrada, y en particular los mamíferos, es cubrir y proteger el cuerpo del animal. Un organismo con músculos, ganglios y fascias desprovisto de esa piel que le protege del calor y el frío, de la humedad y de los ataques de los otros gatos, de los ectoparásitos, hongos y bacterias, sería incompatible con la vida.

¡Horror!

En términos zootécnicos, decimos *capa* cuando nos referimos a pelo y piel, pues las uñas y los pulpejos plantares son modificaciones de la piel.

Atendiendo a su pelaje, podemos clasificarlos en gatos de *pelo largo*, de *pelo corto*, y aunque los gatos esfinges son de pelo escaso, tras la aparición de los synph —apócope de synphoni— canadienses en 1967, ya también cabe decir *gatos desnudos*.

La piel es definida como un órgano y como tal, con muchos atributos: sus pelos nacen, crecen y caen constantemente con una dinámica propia de la edad. En los gatitos brotan y crecen cada día mucho más del que cae; en los adultos, el equilibrio hace que sea a partes iguales y en los gatos viejos nacen pocos, crecen poco y caen muchos.

Con la piel pasa lo mismo. Fina, gruesa y muy gruesa con relación a la edad. Unos versos, aunque optimistas, así lo explican:

103

Y me sonrojo al pensar que estoy más viejo/Que como un gato va engrosando mi pellejo/y de mi ocaso con este año…/¡Estoy más lejos!

La piel posee glándulas que segregan sustancias protectoras contra insectos, bacterias y otros agentes exteriores. Son las mismas que le propician ese brillo peculiar y torna sedosos los pelos; sin embargo, carece de glándulas sudoríparas, de modo tal que el escape de calor corporal por agitación o estado febril ocurre vía oral como vapor de agua.

La piel mojada debe asociarse a la salivación profusa, secreciones cutáneas anormales o, simplemente, el gato se ha mojado. Por cierto, no es tan enemigo de las aguas y el baño como lo describen algunos, incluso hay gatos pescadores, capaces de con un manotazo agarrar un pez y para esto hay que mojarse. He conocido de clientes cuyo gato le reclama compartir la ducha en las mañanas.

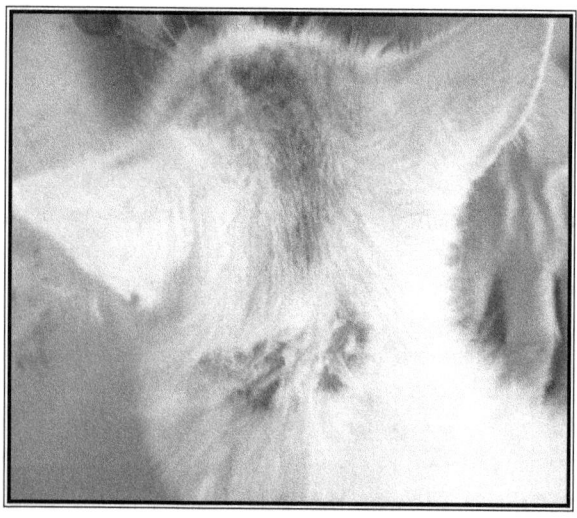

Dermatitis complicada con bacterias (dermobacteriosis).

A diario acuden a nuestras consultas propietarios preocupados por ciertas afecciones en la piel de su mascota y aunque describir las afecciones cutáneas de la especie escapa a los objetivos de este texto allá vamos: La enfermedad cutánea más frecuente entre los gatos es la *pulgosis*, es decir, la presencia de pulgas abundantes sobre el cuerpo (*Tenofelides felis, T. canis*).

Las pulgas en sus estadios de larva, ninfa o adulto, se alimentan por igual de la sangre del hospedero y, lo que es más, defecan un volumen diario sin digerir 20 veces mayor que su peso, dando esa imagen de borras de café sobre la piel, tan familiar a todos los que criamos gatos.

Daño mayor a la piel es el proceso alérgico cutáneo que ocasiona la saliva de la pulga, algo que se ha denominado *dermatitis alérgica a la saliva de la pulga*, génesis de lesiones difíciles de descubrir en sus inicios por esa costumbre tan felina de rascarse a escondidas del dueño; este último se percata sólo cuando observa zonas alopecias (sin pelo) o al acariciarlo detecta irregularidades en la superficie que asemejan granos de arroz (*dermatitis miliar*).

Las cosas suelen complicarse cuando a la lesión inicial se sobreponen hongos y bacterias, originándose dermomicosis y dermobacteriosis, estas últimas con tendencia a la formación de pus (*piodermatitis*).

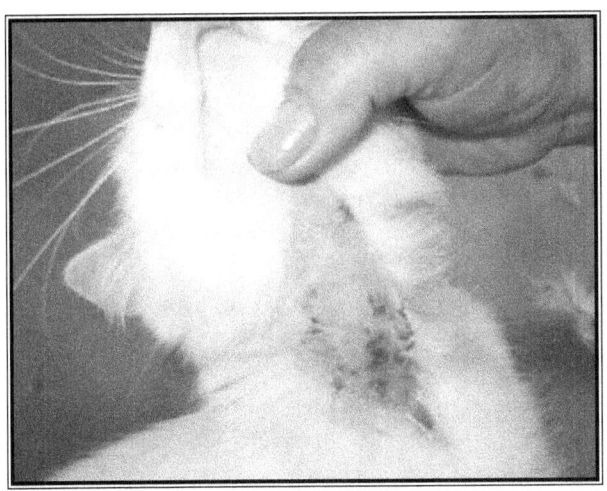

Dermatitis. Lesiones por rascado.

La tiña es la micosis más corriente de los gatos en Cuba y en otros muchos países. Se caracteriza por la caída total del pelo en un área corporal sin afectar la piel, de manera tal que la zona parece afeitada.

En las bacteriosis la agresión cutánea es casi constante, llegándose a originar diminutas vesículas de contenido seroso o purulento.

105

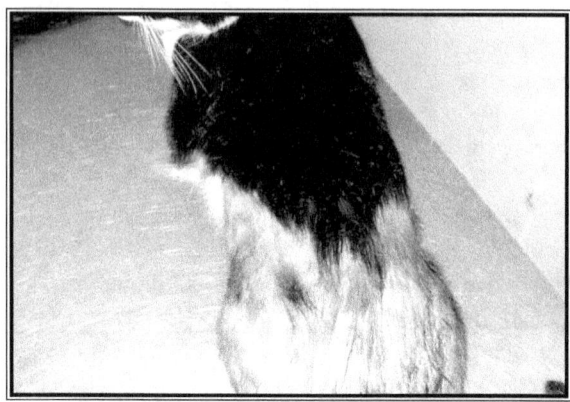

Tiña del gato.

La sarna del gato es real, visible y diagnosticada por cualquier veterinario con la simple ayuda de un microscopio. Se reconoce por la formación de costras pequeñas que se desprenden fácilmente al pasar el dedo. Basta realizar un raspado de piel y observar con una lente de inmersión. Aparecen por igual el *Sarcoptex scabei* de la sarna corriente del perro y el *Notoedres cati* específico de la *sarna notoedrica* del gato, que habitualmente se establece en las orejas y oídos, causando intenso prurito.

En los últimos años he detectado, cada vez con mayor frecuencia, la presencia del *Demodex canis* en el gato, lo cual, al parecer, tiende a incrementarse. Por suerte, con buena respuesta terapéutica a la ivermectina.

Uno de los problemas más serios en la terapéutica de las enfermedades de la piel del gato es su costumbre, casi enfermiza, de limpiarse con la lengua todo cuanto insulte su piel. Así, toda loción que empleemos debe tener la propiedad de ser atóxica. En lo personal, sólo utilizo lociones como la acriflavina (solución 1:5000), combinadas con inyecciones, y rechazo pomadas de cualquier tipo. Qué decir de indicar al cliente tabletas o cucharadas a ingerir por su gato. La respuesta, por lo general es: ¡A este gato nadie puede darle una pastilla!; sin embargo, una buena parte de los propietarios logran medicar a sus animales con facilidad. Nunca deseche esta posibilidad.

La profilaxis de las enfermedades cutáneas debe dirigirse al control de la población de pulgas sobre su cuerpo y en todo el entorno donde vive el animal, digo, cojines, mantas y muebles donde el animal permanece la mayor parte del tiempo.

Han sido probados los más disímiles procedimientos para eliminar las pulgas. Recuerdo que apenas iniciada esta nueva era de la electrónica aparecieron unos *collares antipulgas electrónicos*, cuyo principio se basaba en la emisión de sonidos que eliminaban pulgas y garrapatas por igual. Al parecer, sus resultados fueron poco convincentes. No los veo en el mercado desde hace varios años.

El empleo de aplicaciones antipulgas *roll-on* en la fosa ínter escapular y collares antipulgas, algo iniciado apenas hace unos años, viene a dar cierto grado de solución a este problema milenario, pues si bien el insecticida no alcanza el ciento por ciento de efectividad, se ha demostrado que su uso continuado por ciclos minimiza las pulgas sobre el animal.

Mini: un cuento cargado de enseñanzas

Carilda Oliver Labra (Matanzas, 1924) es la poetisa viva más conocida por los cubanos y, de hecho, una de las más importantes de todos los tiempos en la historia literaria nacional.

Sus poemas de corte erótico ayudaron a muchos cubanos a enamorar, reír, llorar y desatar otros sentimientos del humano vivir por más de 50 años.

De origen burgués, abogada de profesión, ejerció la notaría durante más de 40 años.

Su belleza personal —digo, cara, cuerpo y cerebro— la convirtió en uno de los mitos femeninos del país por muchos años. Se dice que más de una generación de cubanos a la que poco importaba la poesía vivió enamorado de esa mujer llamada Carilda.

Reconocida como gatera empedernida, término nada peyorativo entre los cubanos para calificar a esas personas que hacen de la gatomaquia una pasión, hoy presento a los lectores su cuento *Mini*, traído a este libro por obra y magia de un mail enviado por un amigo a mi ordenador.

Escrito de manera magistral, nos describe al detalle la manera cubana de criar gatos: cariño y atenciones diarias, poca asistencia veterinaria. Los invito a disfrutar de esta historia real.

Mini

Fue secuestrado en medio del campo mientras adentraba sus breves uñas en la tierra agreste, como si buscase entre los bejucos algo que comer. Se defendió con dientes y pezuñas, maullidos elementales y a puro arañazo, pero sólo tenía tres meses de nacido, y su debilidad y su hambre no pudieron contra las manos del guajiro que nos lo trajo como un obsequio valioso.

Era un gato montés, según nos dijo su captor y luego confirmó el veterinario. Este nos mostró las doce manchas de pelo negro que aparecían en el abdomen de color entre pardo y beige. Otro signo característico de su prosapia era la cabeza grande, aunque armoniosa, con relación al cuerpo y las extremidades.

Mini tenía voluminosos testículos que tal vez por su corta edad le conferían un aspecto simpático. Era rayado en negro y de esos gatos que la gente llama barcinos, pero sus dibujos atraían por originales, en óvalos concéntricos a ambos lados del lomo hasta casi dar la vuelta al cuerpo y engarzarse por debajo con el espacio más claro donde resaltaban las doce manchas negras.

Enseguida aprendió a dormir en un mismo lugar, comer en el plato que le designamos y beber agua en forma muy suya, pues nadie le había enseñado a abrir la llave del lavadero con una pata y beber del chorro que caía, poco a poco, sin mojarse la cara ni el resto del cuerpo.

Quedamos más asombrados cuando vimos que orinaba en la taza sanitaria del baño y que no lo hacía en el borde ni afuera, sino con mucho tino en el mismo centro. Estábamos tan maravillados que la familia empezó a rendir culto a su inteligencia felina y hasta papá quería escribirle a Arthur Ripley, que tenía una sección en El Mundo cuyo título me parece que era "Créalo o no lo Crea" y en la que presentaba hechos y acciones excepcionales que por su originalidad y naturaleza resultaran casos notables.

Los niños más pequeños de la cuadra reían y daban palmas cantando: Mini va a ser famoso. Yo, que andaba por los cuarenta, empecé a ocuparme con mucho celo de Mini, que desde el principio de su existencia en nuestro hogar se había arrimado a mí y me mostraba sus preferencias. Así fue que dormía en la cama y siempre recostaba su cabeza sobre mis pies. En invierno le ponía un abrigo tejido a mano que al principio trató de quitarse y no así cuando arreció el frío.

Cuando tuvo "la edad de merecer" (como dicen los campesinos en Cuba), Mini daba unos alaridos en el patio, a las doce de la noche, que metían miedo; y como subir al tejado le resultaba imposible porque las paredes eran sumamente altas, correteaba entre las plantas y seguía quejándose a maullidos estentóreos de su obligada soltería. Por tanto, le buscamos una gata.

Perla María era muy necesaria: primero, para amansar a Mini, que se estaba volviendo rebelde a causa de su ardiente temperamento y de su soledad, y segundo, porque en la casa habitaban algunos ratones en los que apenas reparaba su recién estrenado marido. Perla, en cambio, cazaba cualquier cosa que caminara o volase, aunque no sabemos con qué motivo ya que jamás comió bicho alguno.

A Mini le eran indiferentes las ratas, los sapos, las arañas, cucarachas, y cocuyos que merodeaban en la diminuta selva de la casa. Sólo comía pescado y carne, aunque a veces no le quedaba otro remedio que conformarse con caldos, puré de chícharos, alguna salsita con arroz y, desde luego, leche.

A Perla le gustaban las habichuelas, las papas crudas, los plátanos fritos, la harina, los dulces y preferentemente el pescado y la carne. Ellos comían juntos y se llevaban como un matrimonio recién casado.

Perla debía el nombre a su blancura total. Era estilizada, con cabeza pequeña y extremidades largas; su pelaje brillaba de pura limpieza, pues se lamía muchas veces. Comía en el mismo plato del Mini, pero bebía agua normalmente en una vasija. No se dirigía al baño, sino a la tierra donde crecían hierbas y cuando nadie estuviera mirando. Nunca besaba al Mini. Era él quien venía a darle lenguazos y a acostarse muy quieto junto a ella en las horas crepusculares.

Guardaban el amor para el alba y nadie se enteraba de cómo ni cuándo fueron concebidos los gatos que en distintas fechas procrearon.

La primera desgracia que entristeció nuestro reino gatuno fue que nació un gato blanco como su madre y con bellos ojos que no veían. En honor del famoso karateca ciego, lo bautizamos con el nombre de Ichi.

Era tierno y mimoso como un niño. Caminaba toda la casa guiándose por el olfato y venía corriendo cuando le llamábamos, aunque a veces tropezaba con otro gato, con un mueble o con cualquier objeto. De modo que lo acostumbré a comer en un lado fijo, reservado para él, donde no lo despojaran de su alimento.

Más chico que los demás, tenía la nariz un poco desviada a la izquierda, pero no podíamos decir que era feo. A Ichi le gustaba oler la bugambilia y jugar con bolas de estambre, aunque no sé cómo podía hacerlo porque realmente no veía la bola.

Perla a menudo se echaba a su lado y le lamía la frente, los ojos, toda la cara, como una madre que decora a su hijo para la vida. A veces jugaban y él le mordía el rabo muy suavemente. Mini, en cambio, no le era adicto y jamás lo miraba. Sencillamente no sabía que tuviera ese hijo hasta que notó su presencia cuando yo, sin pretenderlo, empecé a demostrar cierta inclinación por Ichi, que en virtud de su invidencia estaba aislado de los demás y sufría de vez en cuando ciertos ataques de sus hermanos, todos felinos jodedores.

Cuando yo regresaba de la calle y tarareaba una canción, él me lamía la mano y terminaba por dormirse. Lo llevaba a una especie de cuna mullida que le había inventado en el segundo cuarto, cuyas puertas decidí cerrar para que no lo molestaran. Y no es que lo confundiera con un bebé ni me sintiera una madre huérfana, sino que su trato infantil, su ternura e invalidez me conmovían, y pensé que mi atención podría compensarle en algo.

Era muy grato verle abrir y cerrar las uñas de las patas cuando yo entonaba alguna melodía, gesto que hasta entonces no descubrí en gato alguno.

He aquí que, sin procurarlo, este ritual diario despertó el mal humor de Mini, que trataba de interceptarme cuando yo me dirigía hacia el hijo.

Tuve la primera alarma cuando un día gruñó extrañamente y vino en posición retadora que no valoré en su verdadero sentido. No pasó tiempo sin que se acostara a la entrada del cuarto y tratase de penetrar en el mismo. Yo me adelantaba de pronto con Ichi y cerraba la puerta detrás de mí, hasta que un día tuve un descuido y Mini me atacó despiadadamente. Se abalanzó y quedó abrazado a mi pierna izquierda como un jinete furioso que me mordía de manera incesante. El dolor fue indescriptible. Estaba de pie y trataba de lanzarlo con la misma pierna en la que seguía mordiéndome una y otra vez, pero no tenía fuerzas para salvarme de aquella embestida brutal. A mis muchos gritos y a duras penas lograron zafar sus garras de mis piernas que sangraban profusamente.

Tuvimos que marcharnos para el hospital donde, después de curarme, los médicos indicaron que quizás el gato tuviese hidrofobia y que sería correcto decapitarlo para analizar la cabeza, y que mientras tanto debía tratarme con las inyecciones correspondientes. Dije que la única rabia que tenía Mini era la del amor (¡que sí que es rabia...!) y que todo había sucedido por celos con Ichi.

Ellos insistían en sus recomendaciones, las cuales no acepté. Me daba cuenta de que mi gato estaba mejor de salud que el mismo diablo.

Cuando regresé a casa vino a verme un individuo que nunca me había saludado, aunque éramos vecinos y me espetó con mucha autosuficiencia: "He venido a verla porque entre mis méritos tengo el de ser taxidermista y como a ese maldito animal hay que matarlo, me ofrezco, y además me quedo con su cabeza para mi colección; malo es, pero muy bonito también. Así que usted me explica dónde está escondido; tengo mañas para enjaularlo".

El dolor me arreciaba en la pierna y a la vez el mal genio, así que le contesté: "Agradezco ese servicio que desea prestarme, pero que no necesito. Mi gato va a vivir hasta que Dios quiera". Se molestó muchísimo y casi gritó: "Pero es un asesino". Di por terminado el diálogo, y dije en voz muy baja: "Yo adoro a los malos".

Llenaría varias páginas si describiese los visitantes que deseaban la muerte inmediata de Mini, que ya estaba escondido en el patio de atrás y no vino a dormir en mi cama, por lo cual deduje que me odiaba por mis atenciones a Ichi o sabía que su acto era imperdonable. No pude descansar; me preocupaba la oreja que Mini le arrancó a Ichi antes de morderme. Hubo que darle antibióticos y mantenerlo protegido de su padre.

Aparentemente el problema estaba solucionado.

Vino a verme un poeta que vivía en las afueras de la ciudad en una casa rodeada de árboles, el que desde tiempo atrás estaba fascinado por la personalidad de nuestro felino. Tomó el asunto a broma, puesto que mi pierna no era la suya, y desde entonces bautizó al lesionado con el nombre de Van Gogh, en gracia a que, como al pintor, también le faltaba una oreja.

Nos pidió el gato en calidad de préstamo y prometió que lo cuidaría con esmero. No me opuse; bien consciente estaba de que no íbamos a disfrutar ya de una coexistencia pacífica entre ambos animales, aunque confiaba en que Mini no volvería a atacarme si no se estimulaban sus celos con nuevas zalamerías para Ichi.

Pero, ¿cómo privar de cariño a aquella criatura que a cada hora se iba agravando más de sus males? No quise estar presente cuando alejaban a mi montés. Maullaba a más no poder. Perla se encaramó en lo más elevado de la arboleda. Allí estuvo durante todo el día como una bola de pureza erizada de horror, ya que nuestra gatomaquia había perdido su modorra casi bíblica, y madre e hijos estaban aterrados contemplando la caza del poderoso jerarca de la familia.

Estoy segura de que juega en alguna parte edénica con bugambilias y madejas de estambre. Y que le habrá nacido otra vez su orejita. Ya podrá ver la luna que le alumbraba cuando yo le traía por el patio cantándole boleros para que supiera que alguien le quería dentro de su noche. Transcurridas dos semanas y algo más de la ausencia de Mini, un amigo, gatero como yo, y que en tiempos pasados acostumbraba a cargarlo, vino a contarme que el poeta le había informado que Mini y su perro se odiaban mutuamente y que tuvieron un encuentro del que salieron ambos averiados; que de Mini sólo se sabía a las doce de la noche, cuando importunaba el sueño de todos con unos maullidos lastimeros que parecían quejas de inocentes en el infierno; que no había comido jamás desde que llegó y, en fin, que estaban deseando que apareciera muerto de un momento a otro.

Quedé espantada y no supe si era bondad o locura, pero le pedí que fuera al bosque de aquella casa que, en definitiva, no era tan grande como para que Mini dejara de oírle si él lo llamaba reiteradamente por su nombre mientras recorría todos sus rincones, y que no era posible que el poeta se opusiera a dicha gestión, pues ya no lo quería. Yo no estaba aún en disposición de caminar tanto como requería esa diligencia.

No pasaron tres horas cuando sentí que tocaban. Desde la saleta miré al zaguán y por la abertura, entre el piso y la parte inferior de la puerta de la calle, divisé dos pies de hombre y cuatro patas casi irreconocibles. El corazón volvió a ser con un golpe cuando, al abrir, Mini, desde el suelo, me saltó al pecho y se sujetó con las uñas y el alma a mi cuerpo en el abrazo más increíble.

Supe entonces que se puede gruñir de amor porque sentía unos sonidos extraños, absolutamente zoológicos, mientras trataba de lamer mi mano que también le sostenía. Estaba tan flaco como la tristeza y cuando lo llevé hacia adentro y lo bajé en el patio comenzó a orinar interminablemente. Comprendí que si no había comido tampoco había orinado y le di agua en el pozuelo de Perla María. No recordó su costumbre del chorro de la llave y estuvo bebiendo mucho, mucho, como si se tragara para siempre la sustancia del amor que fue luego rastreando por toda la hierba mientras le besaban el hocico los olores de la cocina.

Gorjeos del zenzontle cortejaban la bienvenida. Perla no lo reconoció; seguramente olía a otro ambiente, a otras soledades, y ella, en su pequeña existencia, nunca vio resucitar a un gato y no sabía que éste, tan desgarbado, lleno de hambre, loco de frío, azul de remordimiento, era su pretendiente del alba, su único marido.

Pasó un año o algo así, o pasaron dos, porque a las mujeres cuando somos felices se nos desaparecen los números; o deben de haber pasado tres o cuatro. El jardín cada vez parecía más tierra soltera: los gatos desmenuzaron las flores y acabaron con el galán de noche, esa mata que aroma después de las nueve y embalsama el clima nocturno y nos pone de novela sentimental la casa.

Una mañana no encontramos a Mini. Supusimos que había salido la noche anterior por la puerta de la calle; era imposible vencer aquellas paredes tan altas. No podíamos entender cómo se atrevió a probar fortuna fuera, pero lo cierto es que no estaba.

No perdíamos la esperanza. Ese sábado en que habían venido amigos desde La Habana, al vernos tan abatidos quisieron gastar el tiempo con versos, música, improvisaciones teatrales. Yo, por broma, me envolví en una sábana y tenía puesta hasta la toca de Doña Inés cuando empecé a declamar: ¿No es verdad, ángel de amor, que en esta apartada orilla...? mientras me apoyaba en el torso de Don Juan.

Estaba recostada, sí, mirando a la ventana alta de la biblioteca en que creábamos la farsa, cuando entre los muy unidos balaustres de hierro apareció, relampagueante, la mirada verde de mi desaparecido. No pude hablar por la emoción y con la mano le señalé. Todos miraron y hubo un coro espontáneo: Mini... No cabía por entre los apretados balaustres. Su cabeza era grande y ya no podía ir hacia afuera ni hacia dentro. Estaba prendido a los hierros con las cuatro patas.

Había saltado desde el techo vecino, que era más bajo, a la ventana nuestra, más alta. Mini era un campeón del salto, con la flexibilidad y el vigor muscular de los felinos, pero si lograba entrar era imposible que llegara sano al suelo.

Don Juan se dirigió con presteza al fondo de la casa y trajo una escalera de mano. Llegó al nivel preciso, pero sus manos tampoco cabían para rescatarlo. Todos decíamos en voz alta, como enloquecidos: Mini, Mini, Mini, entra, Mini... Supongo que nunca nos entendió, y su instinto le propuso: estrangúlate o sálvate. Y resultó nuestro héroe aquella noche.

Lo más raro y maravilloso fue que éramos siete personas en torno de una breve mesa y Mini saltó desde los brazos salvadores hasta el primer amigo que estaba sentado a la izquierda y de ahí fue pasando de unas piernas a otras para llegar a las mías donde, yerto de cansancio, quedó exánime. Nunca volvió a escapar. Mini ya había cumplido quince años cuando hice un viaje para visitar a mi madre.

Poco tiempo después, al comunicarme desde el extranjero, me dieron la noticia de que se negaba a comer y estaba acostado permanentemente a los pies de mi cama. Aunque la ausencia fue corta, cuando regresé Mini estaba enterrado en el cantero del patio.

La litiasis o cálculos de la vejiga urinaria

Si su gato hace esfuerzos continuados por orinar —quizás usted piense que lo hace por defecar— y apenas suelta unas gotas de orina con rastros de sangre o ni siquiera logra esto, casi podemos asegurar que estamos ante una litiasis del gato.

La litiasis es una enfermedad propia de los gatos machos y en su fisiopatología concurren dos factores básicos: el primero, la conformación anatómica de la uretra masculina, que es alargada, de un diámetro muy reducido y que en su tramo por el pene adopta la forma de un cono invertido, de modo tal que el orificio uretral externo es dos veces menor que el diámetro uretral en su origen. En la hembra, la uretra es más ancha y más corta, condicionales que le favorecen en la esquiva y eliminación de los cálculos en vesícula.

El segundo factor es la tendencia de algunos felinos a la poca ingestión de agua y su alimentación basada en gran medida en el pescado; ambos factores favorecen la creación de sedimentos que desarrollan la formación de cálculos.

Algunos autores la describen como *litiasis del gato castrado*; sin embargo, a lo largo de nuestra vida profesional la vemos con mucha frecuencia en sementales y es una de las mayores causas de muerte en los gatos asilvestrados o nunca llevados ante el veterinario. Alguien me dijo que constituye una medida biológica de control poblacional sin la cual los gatos terminarían por reproducirse tanto que su número atentaría contra la especie humana. Una evaluación como esta me resulta ridícula e irrisoria, o quizás la desdeño porque quiero mucho a estos animalitos.

Estos cálculos aparecen como una arena fina en la punta del pene y más temprano que tarde obstruyen la salida normal de la orina recolectada en la vejiga.

Los veterinarios suelen diagnosticar el mal con relativa facilidad cuando palpan y aprecian un agrandamiento en forma de globo con el fondo redondo anterior (globo vesical) propio del trastorno funcional.

Pronto, este cúmulo de orinas aumenta el nivel de urea en sangre, provocando una toxicidad corporal que es, de hecho, mortal, salvo que logre expulsar los cálculos obstructivos *per se*, algo poco frecuente en la vida felina.

Los veterinarios suelen bombardear una solución salina con el auxilio de una sonda uretral (mejor con una aguja hipodérmica calibre 23 o 24, recortada y sin filo alguno), lo cual lanza las arenillas hacia el fondo de la vejiga urinaria, se libra la uretra y se recupera la capacidad de la emisión de la orina... hasta que los cálculos vuelvan a obstruir la uretra. Toda una cuestión de tiempo que oscila entre unos días y unas semanas, aunque en pocas ocasiones nunca más se obstruye la uretra.

Un consejo: no mortificar la luz de la uretra porque si no puede eliminar la obstrucción puede ocasionar una *uretrorafia*, vía de excreción anormal que en un futuro inmediato se hará notar. En lo personal procedo así: se aprieta el pene y salen los cúmulos de cálculos a modo de arena fina que se eliminan con los dedos. Después se introduce la sonda o aguja fina y se impulsa una solución salina a presión. Si el procedimiento no elimina la obstrucción, no demore: la cirugía es la solución obligada. Mientras más demore, más compromete el organismo del paciente.

Cuando se repite la obstrucción —o nunca se pudo desobstruir— se emplea un procedimiento quirúrgico, consistente en abrir la vejiga de la orina, extraer toda la arenilla contenida y liberar la uretra, una intervención quirúrgica cruenta que, sin embargo, suele ser exitosa si el animal no está extenuado ante el esfuerzo continuado por orinar y, lo que es más importante, aún no han pasado a sangre los tóxicos que suelen eliminarse por la orina.

Durante casi 40 años hemos practicado esta cirugía de la siguiente manera: abrimos cavidad, eliminamos los ligamentos de fijación de la vejiga y practicamos un corte en su cara dorsal; extraemos las arenillas por arrastre con solución salina, pasamos sonda uretral desde el cuello hasta el pene y procedemos a cerrar vejiga —que queda libre de toda fijación—, cavidad abdominal y piel.

Mi amigo Seeim III, considerado entre los mejores cirujanos veterinarios de vías urinarias del continente americano, practica la operación haciendo la incisión por la cara ventral de la vejiga, tornándola menos cruenta y, lo que es más importante, mantiene la integridad de los ligamentos de fijación.

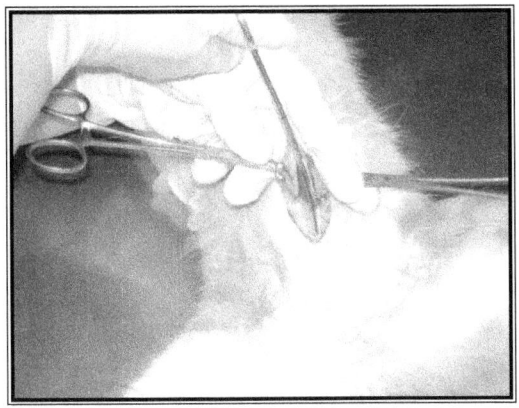

Incisión de la piel.

La prevención de estos cálculos es difícil, debido al hábito felino de ingerir poca agua, aunque en los últimos años se han desarrollado dietas especiales para estos animales tendientes a minimizar la formación de cálculos urinarios.

Cuidado con las mordidas y los arañazos

Si de algo nos cuidamos los veterinarios es de la mordida o arañazo de ese gato que viene en manos de su amo en busca de atención médica a un mal presente o, simplemente, una desparasitación de rutina o para una vacuna que le protegerá contra las más terribles enfermedades.

Inmovilizar un gato requiere decisión en la persona que ha de hacerlo. Se toma el pliegue cutáneo del cuello con una mano mientras la otra inmoviliza las patas. Las extremidades anteriores quedan libres, así que debemos cuidarnos de un arañazo. Pese a ello, nos muerden y nos arañan como al más simple aficionado. Recuerdo haber sido arañado muchas veces y en algunas ocasiones, mordido con saña.

Una anécdota: mi dedo pulgar derecho fue mordido en la clínica pública donde trabajo desde hace muchos años.

El dedo, la mano y el antebrazo se hincharon tanto que parecían reventar y, claro está, no podía trabajar, así que decidí acogerme a un descanso amparado por la ley laboral cubana.

En Cuba la legislación laboral es muy rigurosa ante estos accidentes profesionales, en tanto la vacunación contra la rabia en el humano mordido por un animal desconocido se hace obligatoria y gratuita por ley, pero siendo yo quien examinó aquel gato hermoso, sabía perfectamente que no padecía de hidrofobia y me negué a vacunarme.

Las cosas terminaron en un juicio en la sala de lo Laboral, al que no asistí; sin embargo, el juez, quizás, comprendiendo que se trataba de un asunto de poca monta, nunca más citó a las partes interesadas.

Lo curioso de la anécdota es que contraje *la enfermedad por el arañazo o la mordida del gato*, frecuente en nuestro país y algo más frecuente en otras naciones. Usualmente desaparece sin tratamiento, pero puede volverse una enfermedad potencialmente seria en niños y ancianos, algo que requiere de cuidados médicos.

La enfermedad por arañazo de gato es causada por *Bartonella henselae,* una bacteria que los gatos contraen como resultado de una mordida o rasguño, contacto de la piel rota o de la conjuntiva ocular con la saliva del gato portador. La bacteria se mantiene en las garras del felino y, curiosamente, no le causa daño alguno a él, pero sí a los hombres y mujeres que le adoran o le temen.

Se sabe que ante una pisada en la cola o cualquier otra parte la reacción del animalito será una mordida o, al menos, un arañazo. Los gatos pueden morder a sus amos queridos por factores síquicos (celos, envidia, miedo).

La enfermedad, de curso benigno, desaparece sin tratamiento alguno. Suele ser frecuente en niños, en los que puede alcanzar cierto grado de dificultad, y en algunas ocasiones puede haber complicaciones en los adultos. Eso justamente fue lo ocurrido a este veterinario hoy sentado frente al teclado.

En la literatura médica se describe como pápula o pústula en el sitio lesionado, que por lo general es la primera señal, seguida de inflamación de los ganglios linfáticos en el área cercana a la mordida o rasguño. Hay fiebre en aproximadamente un tercio de los pacientes.

Las cosas pueden complicarse y aparecer fatiga, malestar general, dolor de cabeza. En casos graves, de muy rara ocurrencia, se manifiesta anorexia (pérdida del apetito), esplenomegalia (aumento del bazo) y dolor de garganta.

Un rasguño o lesión y antecedentes de contacto con un gato indican que la enfermedad por arañazo de gato es la causa probable de la inflamación de los ganglios linfáticos. Nunca deje que su niño practique juegos dolorosos con el gato. Tenga presente que nuestra pequeña fiera es animal dos veces: es gato... y araña.

El moquillo de los gatos

Todos los mamíferos son susceptibles a los virus, algunos comunes a otras especies domésticas. Si nos referimos a la rabia, se trata de una virosis común a todos los mamíferos, aunque la cepa actuante difiera entre una y otra especie, y si hablamos del virus del moquillo, nada tienen de común perro y gato, pues se trata de dos virus diferentes, dos enfermedades distintas con el mismo nombre.

Otros virus sólo atacan a las especies de una familia, como el de la hepatitis viral canina (enfermedad de Rubarth), que arremete contra todos los cánidos (zorros, lobos, perros) y, lo que es más importante: todas las especies tienen virus específicos (sólo de género y especie).

Un diagnóstico preciso de las enfermedades virales del gato al alcance de un veterinario en Cuba es harto difícil, en primer término porque el empleo de medios periféricos de diagnóstico es de alto costo, hay gran similitud entre ellas y, en segundo, porque siempre es difícil la exploración clínica del animal, y… hasta la obtención de muestras para las investigaciones de rigor.

Cuando me enfrento a un gato enfermo, invariablemente doy las gracias a los tantos veterinarios estudiosos de todas partes del mundo que han creado ya un registro de signos y síntomas —un verdadero banco de datos— propios de cada enfermedad.

Las virosis del gato son numerosas. Se describen 16 virus capaces de cercenar la vida de nuestra mascota hogareña, aunque sólo algunas de ellas se han estudiado con cierta profundidad.

En la vida cotidiana un gato difícilmente arriba a los cinco años sin que haya medido fuerzas contra algún virus, al punto de que algunos especialistas consideran que todos los gatos adultos son sobrevivientes de virosis ya sufridas.

En lo personal pienso que las virosis felinas, en la mayoría de los casos, transcurren con baja patogenicidad, quedando una memoria inmunitaria que le protegerá por el resto de su vida. De hecho existen animales portadores sanos, capaces de transmitir la enfermedad sin haberla sufrido.

Son síntomas comunes a todas las virosis felinas el inmovilismo inmediato, pérdida de la capacidad de cazar o jugar, inapetencia, fiebre alta, erizamiento de la capa pilosa y en algunas de ellas diarreas, neumonía, ataxia, descargas nasales y trastornos oculares de mayor o menor envergadura.

Hay sufrimientos virales cuyos síntomas escapan de las pérdidas corporales (vómitos, diarreas, descargas nasales) y sólo es perceptible para el amo el desgaste corporal progresivo que día a día, poco a poco, deteriora a la mascota. La leucemia viral felina y el síndrome de la inmunodeficiencia viral felina son ejemplos de estas enfermedades.

En el examen de sangre encontramos que si bien el número de hematíes puede disminuir en mayor o menor cuantía, siempre arrojará una leucopenia constante. Existen medios diagnósticos específicos sólo válidos para las gaterías o ejemplares muy valiosos, en especial los *kits* de laboratorio, la inmunofluorescencia directa y la aplicación de la técnica ELISA.

La casi totalidad de los veterinarios nos apoyamos en los antecedentes de su aparición, la clínica clásica y los tantos casos vistos al paso de tantos años. De ahí no pasamos, salvo un hemograma o unas muestras de orina y fecales. Hay que contar con mucho de eso que llamamos *ojo clínico*, que no es más que el cúmulo de experiencias acopiado en la vida profesional y que, lastimosamente, puede ser bueno o malo.

El gato se ha incorporado a la familia humana como un integrante más en los últimos 40 años. No hablo ya de una mascota —que siempre lo ha sido y será—, un ser viviente al que sus amos le brindan atenciones mil y hasta exigen reciprocidad de proceder con derechos y obligaciones que el gatito no puede procesar en su siempre escaso razonamiento.

Retomando los hilos del asunto: su acercamiento cada vez mayor a la vida hogareña ha promovido el desarrollo de vacunas, de la industria farmacéutica veterinaria y del ejercicio de la profesión.

Panleucopenia viral felina (PVF)

Fue una de las primeras enfermedades del gato conocidas por el hombre. Su difusión hoy es universal y en la mayoría de los países de habla hispana se le conoce como *moquillo del gato*.

Se sabe de su existencia desde los lejanos días de Egipto y Chipre; de la China y Sumatra, cuando el gato se destacó como arma de combate contra las plagas de ratas, ratones y otros roedores los cuales llegaron a poner en peligro la existencia de la especie humana.

Algún viejo diccionario de cubanismos, muy conocido, lo define así: moquillo, "especie de catarro que padecen los perros y gatos; enfermedad de las aves" (sic).

Los veterinarios dedicados a la atención de mascotas lo denominamos *panleucopenia viral felina* y es, en realidad, una enteritis infecciosa cuya patogenia se hace sentir con mayor rigor sobre el tubo gastrointestinal de los gatitos menores de cinco meses.

Su agente causal es un parvovirus similar al del perro y su transmisión a través de las secreciones y heces de enfermo a sano es ciencia instituida; es decir, sin lugar a discusión.

Se inicia con un gatito que pierde su alegría y capacidad para retozar; vómitos de color amarillo verdoso incontrolables a cualquier terapéutica; fiebre de 40° C o más; diarreas que pueden inducir la proyección de la ampolla rectal e irritación del perineo. También pueden aparecer signos neurológicos de ataxia y convulsiones.

El diagnóstico de la panleucopenia de los gatos puede ser confundido con otras virosis (leucemia viral, peritonitis viral) o bacterianas (salmonelosis o la colibacilosis). También hay parásitos unicelulares sobre el tubo digestivo (amebas, coccideas, giardias), todos comunes en cualquier ambiente de cualquier clima o país.

Los gatitos pierden peso rápido y en apenas 48 horas, al verlos dan ganas de llorar.

Se requiere de sueros hidratantes que repongan parte del líquido perdido en los vómitos continuos y ocasionales diarreas. También antibióticos, vitaminas e inmunoestimulantes tendientes a contrarrestar la acción de *gérmenes oportunistas*, que son microbios que exacerban su patogenicidad cuando el organismo está con las defensas bajas, propio de la desgracia de enfermarse (en adelante póngase bravo cuando lo tilden de oportunista).

Actualmente la prevención de la enfermedad es fácil al inmunizar a su gato a partir de las 12 semanas de nacido con vacunas comerciales bien conocidas y fabricadas por decenas de firmas farmacéuticas. Están disponibles en las clínicas y consultorios de primera línea. Si su veterinario no dispone de ellas, mi consejo es: acuda ante otro profesional.

En lo personal he tratado miles de gatitos a lo largo de 40 años y hacer un pronóstico realista de cuál puede salvarse o salir del juego es muy difícil de afirmar. Comúnmente permanecen tres , cuatro o más días asistiendo a la clínica y al final, risas o llantos.

El restablecimiento de la salud es lento y en casi todos los casos se desarrolla una inmunodepresión que allana caminos para el establecimiento de otros males, como cáncer del labio, enfermedades oculares y rinitis catarral crónica.

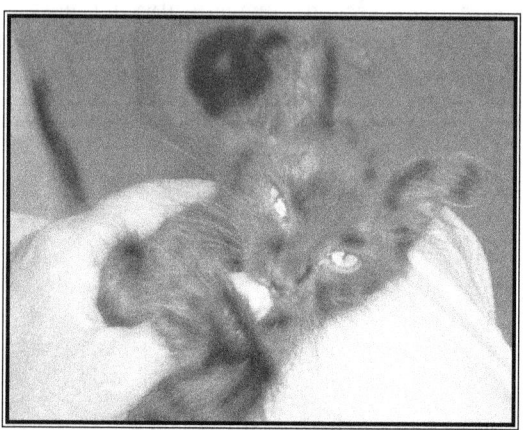

Virosis en el gatito.

Y para aquellos que piensan "el gato tiene siete vidas", les digo que esto puede ser posible, como viable también es que las pierdan de una sola vez.

Calicivirosis felina

Es una enfermedad muy extendida en el mundo de las garras, pues ataca al gato doméstico y todos los felinos de zoológico. Su agente causal es un calicivirus, cuyo asiento primario es la pelvis del riñón. Su curso suele ser benigno en animales fuertes; sin embargo, en ejemplares debilitados o mal alimentados son grandes los estragos por bronconeumonía crepitante, fácilmente perceptible a la auscultación. Su irrupción y evolución son rápidas —menos de 48 horas de incubación— y diezma por igual las poblaciones de gatitos recién nacidos y que a los gatos menores de un año.

En su forma más benigna, los síntomas son ulceración del epitelio de la lengua, paladar duro y comisura nasal. También pueden aparecer vesículas que se rompen, necrosan e impiden comer.

Las cepas más virulentas producen inflamación pulmonar, neumonía, edema agudo con retención de líquido alveolar y exudado bronquial purulento que muchas veces pasa inadvertido hasta que agentes microbianos secundarios inducen a la bronconeumonía. También puede producirse gingivitis congestiva marginal con asiento en los bordes de las encías.

El tratamiento recomendado se basa en suero inmune homólogo o gamma globulinas inespecíficas a lo que se añade, en los últimos años, el interferón recombinante de uso humano, con buenos resultados terapéuticos. Los antibióticos están indicados sólo para evitar complicaciones de gérmenes oportunistas. Se recomienda ampicilina, kanamicina y tilosina, rehidratación con suero subcutáneo, vitaminas, en especial, las del complejo B.

La profilaxis en los días que corren es fácil: acuda a su veterinario y pídale aplicar a su gatito la vacuna triple felina. Tenga la seguridad que el animalito se lo agradecerá.

Peritonitis viral infecciosa felina (PVIF)

Es una enfermedad causada por un coronavirus, con alta mortalidad en gatos menores de dos años. Se transmite por medio de la ingestión de heces contaminadas, por inhalación y, es probable, la infección intrauterina; es decir, cuando el gatito no es más que un embrión o un feto.

Su presencia en criaderos y hogares que gustan criar diez o más gatos al unísono es bien conocida.

El virus provoca una vasculitis en los pequeños vasos sanguíneos de los órganos de la cavidad abdominal, digo, riñones, intestinos, bazo, mesenterios y ganglios linfáticos, ocasionando escape del líquido seroso que a modo de derrame pleural induce una ascitis (acumulación de líquido) en la cavidad abdominal de naturaleza espesa y color amarillo, semejante a la miel.

Si palpamos su abdomen y realizamos un balotaje suave, bien podemos compararlo con un globo conteniendo agua que ha sido colocado en el interior de la cavidad. La he observado en sus dos formas descritas: la clásica o serosa, ambas con formación de ascitis, así como la seca, quizás más frecuente que las diagnosticadas en la práctica diaria.

La enfermedad tiene un largo curso de incubación durante el cual el felino pierde peso, muestra depresión y deshidratación apreciable por un aumento en el grosor de la piel, así como fiebre de 40° C.

El tratamiento es paliativo; es decir, contrarrestar en lo posible los efectos de virus con sueros hidratantes, vitaminas, inmunoestimulantes, sin olvidar antieméticos y algún antibiótico. Algunos autores aconsejan prednisona y ciclofosfamida cada 24 horas (Hoskins, 1998).

El pronóstico suele ser reservado y una gran cantidad de gatitos —más de 50%— perece en el transcurso de su aparición enzoótica en una barriada cualquiera. Agréguese la inmunodepresión acompañante que abre las puertas a otras enfermedades y se comprenderá mejor la agresividad de este coronavirus, una constante que veremos en casi todas las enfermedades virales de los felinos.

Su prevención en los días que corren es posible merced a la existencia de una vacuna bifásica intranasal a goteo de fácil aplicación, pese a lo cual puede aparecer, pero de manera benigna.

Leucemia viral felina (LVF)

Dicho de la manera más simple es una de las llamadas enfermedades de desgaste corporal, pues el amo, angustiado, ve el deterioro progresivo de su animal sin síntomas de vómitos, diarreas o fiebre alta, tan propios de las enfermedades de curso agudo.

Se trata de cierto tipo de cáncer en la sangre que a la vez genera formas tumorales con etiología viral ya definida. La toma de los ganglios mandibulares es casi una constante.

El virus ha sido muy bien estudiado. Se trata de un retrovirus, del cual se sabe que existen tres variantes. Su contagio es por contacto entre la saliva del animal enfermo y el sano. De ahí que se diga que es *la enfermedad de los gatos pendencieros*, pues en los combates nocturnos por la posesión de la hembra quizás encontramos su principal vía de transmisión y difusión.

Su diagnóstico es difícil, pues ni la inmunofluorescencia directa sobre la serología, ni el ELISA nos conducen a lo específico. El profesional debe pensar más en el cuadro clínico: animal joven, presencia de adenopatías o sarcomas, leucopenia y anemia críticas.

El tratamiento es de compensación y sostenimiento: sueros hidratantes, vitaminoterapia, glucocorticoides, inmunoestimulantes (el levamisol es muy bueno) y antibióticos dosificados con precisión. Nunca debemos descartar una transfusión sanguínea, aunque en la práctica nunca la he realizado. En los últimos años se ha empleado el interferón humano recombinante.

Su prevención es posible si se aplica temprano al animal una vacuna bifásica con un intervalo de tres semanas entre una y otra. La vacuna no induce la inmunidad casi total que logramos en la mayoría de las inmunizaciones practicadas en perros, aves, caballos y reses; aun así, resulta muy ventajosa.

Si la enfermedad se transmite por mordidas recibidas en los combates por la posesión de la hembra, tenemos en la castración una medida en pro de evitar lleven esa vida libertina de gato, entregado a los placeres, fiestas y encuentros que tan peligrosa le resulta a la salud y, por qué no decirlo, ¡nos llena de envidia!

Rabia

Es una neuropatía de origen viral, transmisible del animal enfermo al sano por la saliva infectada y que ataca a todos los animales de sangre caliente. En casi todos los casos provoca la muerte.

Se describen dos fases clínicas: una agresiva, donde el animal enfermo lanza mordidas en todos los sentidos y se produce en él un aumento en la respuesta a los sonidos. Hay fotofobia y exteriorización del tercer párpado, que llega a cubrir más de la mitad del globo ocular.

La otra forma de presentación es la paralítica y comienza con la inmovilización de cuello y cabeza, caída de la mandíbula inferior, con salivación profusa —imposible de tragar—, cierto grado de agresividad, emisión de sonidos extraños, convulsiones, postración y muerte.

El diagnóstico de laboratorio siempre se ha apoyado en la detección de cuerpos de Negri en el encéfalo, aunque en los últimos tiempos se han introducido métodos que permiten un diagnóstico desde los primeros días, como la inmunofluorescencia directa sobre tejidos impregnados de antígenos específicos.

Su prevención es sencilla: la vacunación a partir de los tres meses y repetitiva a lo largo de su vida.

El reservorio principal del virus es el ratón y otros roedores. En Cuba el reservorio principal de la rabia es la mangosta (*Herpestes fasciatus*), un carnívoro introducido en Cuba para combatir las plagas de roedores que asolaban al país a mediados del siglo XIX, hecho que algunos catalogan como uno de los errores biológicos más costosos en la historia nacional.

En los últimos años los murciélagos han cobrado importancia en la transmisión de la enfermedad. Pienso que la realidad es otra: el murciélago siempre ha sido y es un elemento importante en la transmisión de la rabia, sólo que el desarrollo actual de la ciencia ha permitido una reevaluación ancestral del enigma de las muertes insólitas en los campos de la isla y de buena parte de los países del continente.

Los gatos, seres especializados en la caza del ratón y todo tipo de roedores, también son transmisores de la enfermedad. Una importante firma de vacunas para mascotas asegura que su aparición en el gato es siete veces mayor que en el perro (Hosking, 1998). Su vacunación está indicada bajo cualquier norma de crianza. Hace algunos años una lectora de Venezuela me preguntó si era correcta la vacunación de sus gatos contra la rabia que de manera sistemática programaba su veterinario cada año. Así le respondí:

Mi buena Carmen: en su Venezuela las cosas son muy distintas. Un territorio nueve veces mayor que nuestra isla, fronteras terrestres, cordilleras de altas montañas, los extensos llanos del impresionante río Orinoco y el macizo de la Guyana, se aúnan como hábitat ideal para una fauna increíble de animales salvajes que pudimos conocer, hace sólo unos años, gracias a un serial de Televisión Española.

En Venezuela es grande y sin analizar el estado actual de la rabia en esa nación hermana, nunca podrá ser considerada una torpeza que un veterinario decida proteger sus gatos hogareños con vacunas apropiadas.

Los gatos se han reproducido a tal punto que en estos momentos nadie se atrevería a dar una cifra de cuántos de ellos hay en el país. ¿Quién es el dueño del gato? ¿Cómo identificarlo, capturar e inmovilizar para la inyección? Estas y otras preguntas son dificultades a enfrentar y vencer.

Rinotraqueitis viral felina

Es la más difundida y casi universal virosis del gato. Su contagio es de gato enfermo o portador a otro animal susceptible. Ocasionada por un herpes virus, en la práctica de la clínica felina siempre un síndrome respiratorio obliga a pensar en la rinotraqueitis.

Ataca con preferencia a gatitos y jóvenes provenientes de crianzas no vacunadas. En Cuba es muy difundida —pocos vacunan a sus gatos— y suelen confundirla con neumonía causada por *Bordetella bronquisepticum*.

Gatito atacado por la rinotraqueitis viral.

Se caracteriza por descargas nasales, lagrimeo que pronto deviene en conjuntivitis serosa o purulenta; cierre de nasofaringe que obliga a la respiración bucal acompañada con tos, estornudos y una disnea que asusta por igual a propietario y veterinario. Su mortalidad y morbiletalidad son elevadas, razón que obliga a un pronóstico reservado.

El tratamiento debe apoyarse en antibióticos previsores de una complicación con gérmenes oportunistas, sueros de sostenimiento, vitaminas e inmunoestimulantes. Algunos aconsejan corticoides para la broncodilatación, pese a su acción inmunodepresora. En lo personal nunca he contado con cámara de oxígeno, ni siquiera una humilde manguera; en consecuencia, siempre acudo a la prednisona y, en casos extremos, a los broncodilatadores por inhalación.

Síndrome de la inmunodeficiencia viral felina (SIVF)

A inicios de los años 80 aparece entre los humanos una nueva pandemia la cual generó cambios en la vida de la sociedad mundial y que, carente de nombre, alguien la denominó síndrome de inmunodeficiencia adquirida (Sida). Su presentación médica ante los ojos asombrados del hombre de finales del siglo XX generó un miedo tal, que pronto devino en pánico con sobresaltos que aún persisten.

Algunos años después, virólogos franceses estudiaron cierto mal en los gatos cuyos síntomas principales eran neoplasias espontáneas, supresión de la médula ósea, adenitis en cadenas ganglionares o generalizadas y un apreciable descenso de la inmunidad en los gatos domésticos, al cual denominaron síndrome de la inmunodeficiencia viral felina (SIVF). Y ocurrió un hecho asombroso: la prensa sensacionalista desplegó sinnúmero de titulares referentes al Sida de los gatos y la reacción de una parte considerable de propietarios fue sacrificarlos. En apenas unos días, millones de gatos en todas partes del mundo, cual retorno al siglo XV, murieron a manos de sus amos. Por suerte, sólo fue unos días y ya toda aquella pesadilla antigatuna, es historia pasada.

El SIVF es una enfermedad de los felinos conocida desde siempre. Recuerdo que ya Martínez Fabré, veterinario educado en Francia, profesional de alto nivel y uno de mis maestros, me explicaba el mal frente a un gato adulto a finales de los años 60. Entonces la llamaba linfoadenitis viral generalizada del gato, justamente lo más significativo de sus efectos, que es la inflamación de grupos ganglionares en varias partes del cuerpo y formación de tumores apreciables como el linfosarcoma.

Por supuesto hay una gran similitud entre el Sida y el SIVF, aunque su fisiopatología, sintomatología y vías de transmisión son completamente distintas. La felina se transmite por picaduras de insectos infectados y la humana, todos los lectores lo saben... y se cuidan.

El gato puede eliminar todo el virus o mantenerlo latente durante mucho tiempo. Realmente se manifiesta bajo formas clínicas sólo en estados de estrés, como ocurre en la vida de los gatos cuando son muchos los que conviven en una sola vivienda.

Hoy se sabe que la mayoría de los gatos presentan memoria inmunitaria, que indica un contacto con el virus en los primeros meses de vida.

El diagnóstico de la enfermedad es difícil, pues sólo podemos apoyarnos en la historia clínica y la presencia del linfosarcoma o simplemente de una adenitis regional o generalizada, un decaimiento inusual, aunque algunos plantean que la inmunofluorescencia directa es definitoria.

No existe ni vacuna profiláctica, ni tratamiento específico contra la enfermedad. Así, una medicación paliativa y de sostenimiento pudiera dar respuestas esperanzadoras ante el enfermo. Algunos autores han empleado ciclofosfamida, vincristina y otros citostáticos con buenos resultados. En los últimos años el interferón recombinante humano abre un nuevo capítulo en el tratamiento de esta y otras enfermedades virales de nuestros gatos.

La vacunación de los gatos

Un poeta amigo escribió en unos versos maravillosos: "Si me lo hubieran dicho, no lo habría creído". Y cuando pienso en el rápido desarrollo de los programas de vacunación contra las enfermedades de los gatos estos versos me suenan una y otra vez. Estoy seguro que un gran número de veterinarios de la tercera edad y de todas partes dirían las mismas palabras que el bardo: "Si me lo hubieran dicho, no lo hubiera creído".

Las vacunas contra las principales virosis que atacan al gato se iniciaron a principios de los años 80 y en apenas una década su mercado, conocimiento y aplicación diaria se tornaron universales.

Tales vacunas pueden ser consideradas el mayor aporte de la industria farmacéutica para consolidar ese nexo tan necesario entre el hombre, su gato y el veterinario.

Su integración como un miembro más de la familia humana también ha dado paso a que miles de veterinarios de todas partes hayan escogido en la patología y cirugía felinas una especialidad inexistente hasta hace apenas unos años y que haya generado especialistas de la grandeza del argentino Rubén Gatti, el cubano-americano Gustavo Aguirre, el norteamericano Howard Seim III y el uruguayo Juan Porto, por sólo citar a cuatro nombres cuya obra admiro. Y conste: son muchos y de todas partes.

Los gatitos deben ser desparasitados al menos una vez previo al proceso de vacunación, recomendándose la adquisición de un contenedor o caja acondicionada para su transportación. El propietario debe tener presente que al menos serán siete las visitas al veterinario en los primeros tres meses de vida.

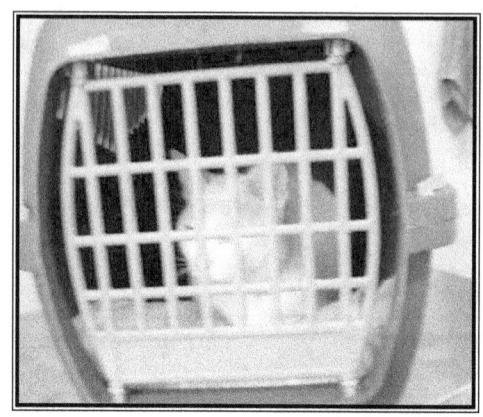

Transportador de gato convencional.

Invento cubano: malla plástica forrada de cartón.
El asa, un pedazo de manguera; el fondo, un plato de aluminio y la tapa,
un disco viejo de vinilo. El cierre es un cordón de zapatos.

En la práctica veterinaria universal se emplean cuando menos tres vacunas: la triple felina, contra la leucemia felina y contra la rabia.

La vacuna triple felina protege contra la rinotraqueítis viral felina, calicivirus felino y panleucopenia viral felina.

Se aplica de manera trifásica; es decir, son necesarias tres dosis para alcanzar la inmunidad perseguida. La inmunización se inicia en la séptima semana de nacido y se repite durante intervalos de un mes. Su reactivación es anual hasta cumplir los diez años.

La vacuna contra la leucemia viral felina es bifásica y su primera dosis se aplica a las nueve semanas de vida, repitiéndose dos semanas después.

La vacuna contra la peritonitis viral felina es por goteo nasal. Se recomiendan dos dosis a partir de las nueve semanas de vida y repetir a las tres semanas. Repetición anual en los primeros ocho años.

La vacunación contra la rabia consta de una sola dosis, aplicable a partir de los tres meses de nacido, con reactivación anual hasta los diez años. En Cuba es obligatoria y gratuita por ley en perros y gatos. La vacunación de perros alcanza a más de 85% de la población canina nacional; sin embargo, sólo se vacuna menos de 2% de la masa felina del país. No existe reglamento alguno que obligue a vacunar a los gatos. Esto obedece más a razones sociales que a las leyes de la epizootiología, pues se crían arrabaleros, en vida libertina, haciendo delicias en tejados, patios y portales.

La vacuna empleada en Cuba es elaborada a partir del cerebro de ratón lactante (CRL) y crea altas dosis de anticuerpos capaces de enfrentar la mordida de un animal rabioso.

La diarrea del gato

El gato, joven y adulto es por naturaleza animal de escíbalos; es decir, de fecales comprimidas que, con pudor, suele cubrir de arenas, tierra u otro material afín.

Esto se debe, en primer término, a su eficiente capacidad de absorción intestinal, idónea para desecar el bolo fecal en su recorrido, a lo que se añade ese aseo constante que arrastra pelos y los incorpora a la materia intestinal endureciéndolo; sin embargo, es curioso que en nuestra consulta veterinaria recibimos diez o más gatos con diarreas por cada gato con estreñimiento.

El segmento intestinal de los grandes felinos es muy corto, apropiado para una dieta carnívora. Así, están obligados a descansar largas horas tras la ingestión de una ración abundante de carne. Se sabe que el león se echa a digerir en un letargo de hasta 24 horas. Que quede claro: un león con hambre es temible, terrible e imbatible. ¡Horror!

El tigre y el leopardo también cumplen un ciclo comer-descansar-ejercitar-comer similar al rey de la selva.

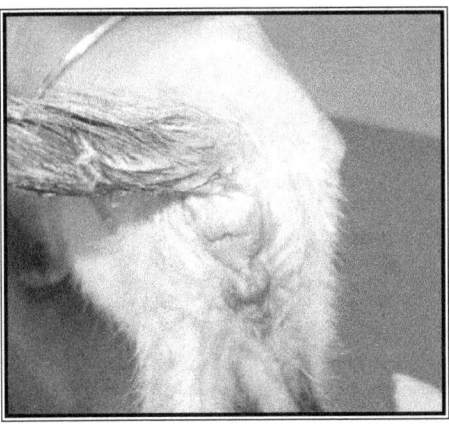

Obsérvese la edematización del ano, preámbulo del prolapso rectal.

Los intestinos del gato son de los más cortos entre los animales domésticos y su sistema digestivo consta de estómago, intestino delgado e intestino grueso, los mismos segmentos anatómicos presentes en otros animales. Veamos:

Estómago: aquí la comida es recibida y mezclada con los jugos gástricos, ricos en ácido clorhídrico. También, secreciones provenientes del páncreas y el hígado; todo un complejo enzimático destinado a degradar la carne, su alimento primordial. Esto último ocurrirá a su paso por el canal digestivo.

Intestino delgado: se conforma de duodeno, yeyuno e íleon. Está dotado de vellosidades intestinales destinadas a la absorción de los nutrientes, fuente de principios básicos —proteínas, carbohidratos, lípidos— para el sostenimiento y desarrollo de la economía corporal. Este paso demora unas ocho horas y se absorbe 80% del producto acuoso del contenido intestinal.

Intestino grueso: al igual que en el perro, también se divide en tres segmentos: ciego, colon y recto. Los dos primeros son receptáculos del bolo digestivo y es en el colon donde ya se deseca por completo y se conforman las heces que pasan al recto. Cuando su volumen es suficiente, la musculatura del segmento rectal las impulsa y al disminuir la constricción del esfínter del ano son excretadas.

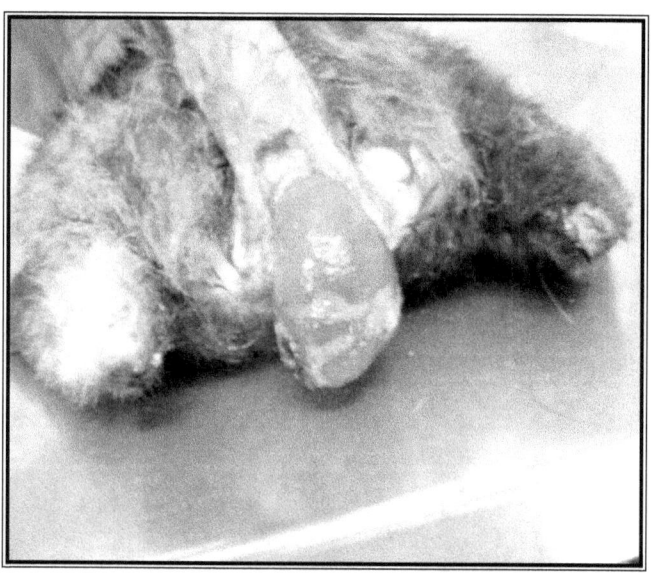

Prolapso rectal.

Decimos diarreas cuando las deposiciones disminuyen en su consistencia, ora a lo pastoso, ora a lo acuoso y, lo que es más importante, su frecuencia asciende a tres o más veces en 24 horas.

Las diarreas tienen una fisiopatología bien estudiada: una disminución de la capacidad de absorción por las vellosidades intestinales presentes a lo largo del intestino delgado; aumento del peristaltismo intestinal e incremento de las secreciones intestinales. En consecuencia, el contenido rectal se hace acuoso y su evacuación es muy rápida.

Si persisten por más de 24 horas, se inicia un proceso inflamatorio que denominamos *enteritis* y que toma distintas denominaciones acorde con el segmento. En el gato ganan importancia médica las *colitis*; es decir, las inflamaciones del colon.

Sus causas pueden ser diversas, las más, por el manejo inadecuado de la alimentación, que va desde una sola ración muy voluminosa diaria, pasando por comestibles a restringir, como el abuso de la leche o el hígado en la dieta, para terminar con alimentos en mal estado, la presencia de agentes infecciosos e intoxicaciones.

Ya lo dije y lo repito: uno de los errores más graves que puede cometer el dueño de un gato es criarlo como si fuera un perro. Y conste: no es matraquilla de viejo.

El proceder básico ante estas diarreas alimentarias es suspender la alimentación por 24 horas, lo cual permite el necesario descanso gastrointestinal, favoreciendo la disminución de la inflamación presente en todo tipo de diarreas.

En lo personal siempre indico como complemento la administración oral de un astringente intestinal del tipo del kaolín, la pectina o el bismuto, con el fin de acelerar el proceso de recuperación, algo que se ha discutido en los últimos años, cuando un buen número de clínicos la proscriben argumentado que si hay presente un agente infeccioso tal proceder pudiera complicar la situación.

Creo que no hay contradicción entre uno y otro proceder si siempre diferenciamos una diarrea alimentaria de una infecciosa. Adentrémonos en tema tan peliagudo.

Las *diarreas alimentarias* se asocian a una alimentación voluminosa y desordenada. Devienen con gran facilidad en infecciosas cuando un agente patógeno se desarrolla en el tracto digestivo y siempre deben ser consideradas una complicación de salud de atención inmediata, con pronóstico reservado.

Llamamos *diarrea infecciosa* cuando ésta aparece sin mucho vínculo con una ración voluminosa, alimentos inadecuados y otra causa capaz de desencadenar un episodio diarreico. En ellas siempre actúa un agente infeccioso, en un diapasón que va desde los numerosos virus intestinales ya descritos, hasta bacterias, lombrices y parásitos unicelulares del tipo de las coccidias, amebas y giardias.

Si dejamos al propietario hablar acerca de cómo empezaron las cosas y si el animal se mantiene con apetito quizás obtendremos de inicio una buena parte de la información, pero siempre le preguntaremos: ¿hay peste en las deposiciones fecales? Y él responderá sí, no, o... no puedo contestarle porque el animal no vive conmigo, es callejero o entra y sale del hogar como Pedro por su casa.

De hecho, la información real la obtendremos al levantar la cola, acercar nuestra nariz y oler muy próximo al ano. Tal como decía López Prendes, los signos y síntomas de una enfermedad cualquiera se ven, se palpan, se escuchan y se huelen. Todos los veterinarios conocen el parvovirus canino por el olor fétido *sui generis* de sus deposiciones y todos deben detectar la fetidez de una diarrea infecciosa en un gatito. Ni rango, ni elegancia disminuyen cuando se acerca la nariz en busca de indicios que ayuden a salvar la vida del paciente.

Esos gatos mitad callejeros, mitad domiciliados, son muy propensos a infestaciones parasitarias de toxacara, *Ancylostoma, Uncinaria* y *Dipilidium*, comprobados como agentes causantes de diarreas.

Las infecciones intestinales ocasionadas por virus y bacterias usualmente se complican con vómitos e inducen a un peligro mayor, pues el animal comienza de inmediato un proceso de deshidratación, pérdida de peso y debilitación que ponen en peligro la vida del infortunado animalito.

Los virus que con más frecuencia provocan alteraciones digestivas son el de la panleucopenia y el coronavirus, sin olvidar los de la leucemia e inmunodeficiencia.

En algunos casos los gatos afectados de panleucopenia sólo presentan vómito y apenas diarrea. Si se presentase es de tipo secretora, frecuentemente sanguinolenta y deja como secuela el síndrome de mala absorción, caracterizado por diarreas más o menos continuas que persisten tras cualquier tratamiento.

En los gatos adultos y viejos suelen aparecer tumores enormes en el intestino grueso que denominamos *megacolon*, pero el más habitual es el linfoma. Otros tumores que pueden presentarse son adenocarcinoma, mastocitoma, fibrosarcoma, etcétera (Zaldívar, 2007).

Un gato con linfoma intestinal lo primero que va a presentar es una diarrea crónica, que se acompañará de pérdida de peso, reducción del apetito y letargia.

Si el tumor asienta además en estómago habrá vómitos. Casos excepcionales son los gatos que en las primeras fases presentan un incremento del apetito.

Algunos autores exponen que estas neoplasias diagnosticadas a tiempo pueden ser tratadas por medio de quimioterapia con excelentes resultados. En lo personal las he tratado con ciclofosfamida y sulfato de vincristina con resultados discretos y poco alentadores.

El pronóstico de la diarrea a tratar depende de la naturaleza del agente patógeno o tumor presente, el tiempo trascurrido antes de ser traído a nuestra consulta y, por supuesto, la resistencia fisiológica del paciente. Un gato famélico o viejo tendrá menos posibilidades que otro fuerte y joven.

Agréguese que transcurridos algunos días comienza una marcada tendencia a la cronicidad (diarrea crónica) o generarse el *síndrome de mala absorción* que siempre asociaremos a la inflamación intestinal.

Los animales vacunados contra las enfermedades virales están mejor preparados para enfrentar estas diarreas, contra las que ya poseen anticuerpos, y, más todavía, contra cualquier agente patógeno.

El tratamiento de las diarreas alimentarias cuando persisten por muchos días debe ir desde el reposo gástrico, el combinado con astringentes intestinales y el suministro de sueros para contrarrestar la deshidratación, hasta la administración de corticoesteroides, antibióticos, inmunoestimulantes del tipo del interferón recombinante —e incluso, el humilde levamisol—, vitaminas de apoyo y otros medicamentos que la lógica indica emplear ante la diarrea y el estado físico del enfermo.

Si el animal es alimentado sólo con *dry food* debe escogerse un preparado hipoalérgico.

Hoy casi todas las firmas de prestigio tienen fórmulas ideales para gatos convalecientes. También puede emplearse un gluten de arroz o de papa (Zaldivar, 2007).

En Cuba incorporamos a la dieta malangas con carne, apoyados en la terapéutica con astringentes intestinales, antibióticos de tercera generación (cefalosporinas) con resultados variopintos. En esas estamos.

Toxoplasmosis: la enfermedad, sus mentiras y realidades

El gato es el único animal doméstico cuyo cariño está polarizado: lo quieres o lo odias; lo mimas o lo maltratas. Apenas existen personas indiferentes a estos sentimientos. Así, cuando comencé a escribir este libro uno de los objetivos trazados fue esclarecer los mitos y falsos argumentos del odio innecesario hacia el gato y con ello desarmar a quienes sin sentido muestran animadversión hacia él e incluso, llegan a padecer *aluria*, una enfermedad mental asociada con el miedo al gato y en consecuencia intentan desaparecerlos de su entorno.

En esa cuerda se mueve la toxoplasmosis, una zoonosis acerca de la cual se dicen verdades por médicos, veterinarios y biólogos y mentiras por quienes lo hacen de mala leche contra nuestro gato. Allá voy:

1. Enfermedad parasitaria causada por *Toxoplasma gondii*, donde el gato es el huésped definitivo (portador de la forma adulta del parásito). Tiene formas infectantes (oocistos), *adquiridas al alimentarse con carne infestada.* Los oocistos son eliminados con las heces y pasan al ganado o a las personas.

2. En el hombre ha de diferenciarse entre la infección ocasionada por toxoplasma y la enfermedad que puede producir, ya que en la mayoría de los casos no se llegan a reflejar manifestaciones clínicas. *Se calcula que 80% de las personas mayores de 45 años son seropositivas a la toxoplasmosis.*

3. La infección en una mujer embarazada puede causar una toxoplasmosis congénita en el recién nacido. Aparece en 65% de los casos en los que la mujer se infesta por primera vez. En la madre va a ser asintomático, mientras que en el feto la gravedad depende del momento de la gestación. Durante el primer mes pueden sobrevenir abortos, aunque no son frecuentes. Las consecuencias más graves surgen entre el segun-

145

do y sexto mes, como hidrocefalia, retraso psicomotor, calcificaciones cerebrales y lesiones oculares.

4. *Las madres que ya estaban infestadas antes de la concepción están inmunizadas, y el feto no sufrirá infección.* Solamente hay riesgo en mujeres embarazadas con un título de anticuerpos negativo, y que por lo tanto no han estado anteriormente en contacto con el parásito. Este dato se conoce a través de los análisis que rutinariamente se hacen o deben hacerse a todas las embarazadas.

5. Hay dos formas de infestarse por toxoplasma: por ingestión directa de ooquistes procedentes de un gato infestado o por ingestión de carne infestada y mal cocida.

6. La infestación *por contacto directo con un gato es poco probable,* pues los ooquistes deben esporular, y por tanto las heces frescas no son infestantes.

7. Respecto de los gatos se evitará que coman carne sin cocinar, no permitir que cacen ni que ingieran sus presas, y limpiar con agua hirviendo diariamente el cajón donde defecan (R. Cruz, 2005).

He tomado siete párrafos del Programa de Enfermedades zoonóticas del MINSAP-Cuba, que dirige el doctor Raúl Cruz. Y no hago comentario alguno. Hasta aquí ya hay bastantes argumentos para analizar; sin embargo, todavía queda la parte más peliaguda del asunto por exponer. De nuevo recopilo:

1. El *ciclo vital* del toxoplasma tiene como huésped definitivo al gato y otros felinos, que tras ingerir alguna de las formas del parásito sufre en las células epiteliales de su intestino un ciclo asexual y luego un ciclo sexual, eliminándose en sus heces millones de ooquistes. Cuando éstos esporulan se vuelven infecciosos, pudiéndose infectar otros animales por su ingestión.

2. La toxoplasmosis es una zoonosis de alcance mundial. Se infectan animales herbívoros, omnívoros o carnívoros, incluyendo casi todos los mamíferos. *En la carne destinada a consumo humano es frecuente la presencia de quistes tisulares.* Los invertebrados, como moscas y cucarachas, pueden contribuir a la difusión de los ooquistes, los cuales pueden mantenerse infecciosos durante mucho tiempo en la tierra húmeda.

Los humanos sufren la transmisión del parásito fundamentalmente por:

1. Vía oral a través de la ingestión de carnes, verduras, aguas, huevos, leche, etcétera; contaminados por ooquistes o que contienen quistes tisulares: hasta 25% de las muestras de carne de cordero y cerdo y más raros en la carne de vaca.
2. Los gatos, sobre todo si se manipulan sus excretas, pueden infectar al hombre cuando ingiere ooquistes por falta o descuido de medidas higiénicas.
3. Materno-fetal o congénita, dando origen a la toxoplasmosis congénita.
4. Más rara es la transmisión por transfusiones o por recepción de órganos; aunque se ha postulado el contagio interhumano éste no ha podido ser demostrado.

Su prevención se apoya en:

» Evitar el contacto con gatos, en particular con sus deposiciones.
» Comer la carne muy hecha, incluidas las hamburguesas. Se debe alcanzar una temperatura de más de 65° C en todo su espesor. También es efectivo tenerla congelada por debajo de 20° C.
» Utilizar guantes cuando se manipule la tierra, jardines, plantas, huertas. Es conveniente usarlos para preparar alimentos, especialmente vegetales y cualquier alimento crudo.
» Evitar ingerir verduras o vegetales crudos o sin lavarlos muy a fondo previamente.
» No tomar huevos crudos y evitar la leche no pasteurizada.
» Lavarse bien las manos cuando se ha realizado cualquiera de las actividades expuestas en los puntos anteriores.
» Si se tienen gatos procurar que no sean "gatos callejeros", darles alimentos preparados comercialmente o en su defecto alimentos bien cocinados, evitando la carne cruda o poco hecha; encargar la limpieza de sus excrementos a personas VIH negativas y no embarazadas; lavarse bien las manos después de tener contacto con ellos, prestarles atención veterinaria, etcétera (W. Foulon y colaboradores, 1999).

Como dice un periodista cubano de palabra objetiva: "Haga usted sus propias conclusiones".

Las enfermedades respiratorias del gato

Visto el gato como especie originaria de Egipto, norte de África y el sudeste asiático, es un animal del desierto o semidesierto, de naturaleza carnívora, enemigo del agua y el frío.

Llevado a Europa, el frío le hacía un daño atroz y su aclimatación está lejos de ser perfecta, aun cinco siglos después.

Traído al Caribe por emigrantes europeos, la alta humedad ambiental —en ocasiones, superior a 80%— y temperaturas elevadas afectan en alto grado su aparato respiratorio.

Es comprensible, pues cuando el frío es intenso —entre 12 y 14° C, propio de nuestros inviernos tropicales— suelen presentarse complicaciones respiratorias, por lo general neumonías y bronconeumonías.

Cada invierno cubano, dominicano, jamaicano y de todos los países del Caribe deja una huella de dolor en las familias, porque durante ese periodo mueren muchos humanos como consecuencia de complicaciones respiratorias, en especial personas de la tercera edad. Así, resulta más fácil comprender lo que significa la llegada del invierno para el mundo de los animales del hogar, el patio y el traspatio cubano y caribeño. Y el gato, junto al perro y los cerdos son propensos a estas enfermedades respiratorias.

Si bien los virus de asiento pulmonar constituyen las principales causas de las infecciones respiratorias (ver capítulo de enferemedades virales), éstas coexisten con otros gérmenes patógenos no virales, como bacterias (*Bordetella bronquisepticum*) hongos del género *Aspergillus*, micoplasmas y otros.

Los principales signos suelen ser fiebre de 39 a 40.5° C, decaimiento general que puede llegar a la pérdida de atención por la caza e incluso la inmovilidad; deshidratación, úlceras bucales y linguales, halitosis y salivación abundante, pérdida de la costumbre de aseo y conjuntivitis.

Asimismo se presentan descargas nasales que pueden estar acompañadas de tos, estornudos y disnea de mayor o menor envergadura.

Y mediante la auscultación pulmonar encontramos estertores ora secos, ora de fluidos perceptibles en mayor o menor grado, dependiendo de la intensidad de la infección.

Las infecciones bacterianas tienen dos características que las diferencian de las virosis: La primera, el gato no suele perder el apetito a pesar de aparecer uno o más de los síntomas descritos; la segunda, cede entre los cinco y siete días de tratamiento con penicilinas, aunque en los últimos años también hemos incorporado algunas cefalosporinas, como caforan, seporan, rocephin y otros.

La nariz congestionada debe ser tratada con sueros fisiológicos y preparados nasales de nitrato de plata e incluso vaporizaciones con descongestionantes de poca intensidad, en particular de plantas medicinales frescas. El mentol suele resecar en demasía la mucosa nasal de los felinos.

La alimentación puede llegar a ser obligada y en caso de pérdida del apetito persistente obliga a la rehidratación con soluciones de cloruro de sodio o dextrosa a 5%. No debemos emplear la vía endovenosa, siendo preferible la intraperitoneal o descargar en un bolsón subcutáneo.

El pronóstico de las neumonías estivales suele ser favorable si el animal no pierde el apetito, con recuperación entre siete y diez días y repiten en muchos pacientes al año siguiente. Los animales recuperados son propagadores y cíclicamente ataca grandes poblaciones que se han convertido en una epizootia de enormes proporciones que ocasiona cada año numerosas muertes.

Caídas, golpes y accidentes más frecuentes

Las caídas en los animales jóvenes y sanos suelen formar parte de su vida normal y no hay límites de altura conocido para sobrevivir. En 1985 atendí a un siamés llegado en manos de su propietario que había caído del histórico edificio de 12 y 23 (unos 20 metros) en el corazón de El Vedado habanero y años después ocurrió otro accidente en el famoso Edificio Azul de Bahía, en Habana del Este: cayó desde el décimo piso (unos 35 metros). Ambos animales, algo asustados, con la lengua mordida, fueron sedados en su momento y sin complicaciones posteriores; a los tres días ya eran los mismos.

El récord mundial de caída libre lo ostenta *Fat Olive*, gato canadiense caído desde una torre de apartamentos a 90 metros de altura, en 1989, resultando ileso, aunque algo nervioso, por razones obvias.

Un gato sobre el tejado de asbesto-cemento caliente.

De todos modos, ante cualquier caída se hace necesaria una revisión médica de vísceras abdominales, costillar y bóveda craneana.

Hay un principio ortopédico válido en todas las especies hogareñas que son llevadas a la clínica veterinaria por caídas, golpes o accidentes: si el animal se mantiene apoyado sobre sus cuatro extremidades y no se mueve, debemos dejarlo tranquilo y transcurridos algunos minutos hacerlo caminar. Debe usted tener presente que hay dolor, aunque no haya ni fractura ni luxación.

Si la marcha la hace sobre los cuatro remos difícilmente ocurrió fractura; si al marchar retrae una extremidad hay complicaciones de mayor o menor grado en la misma (en esta retracción debe distinguirse entre fractura y luxación).

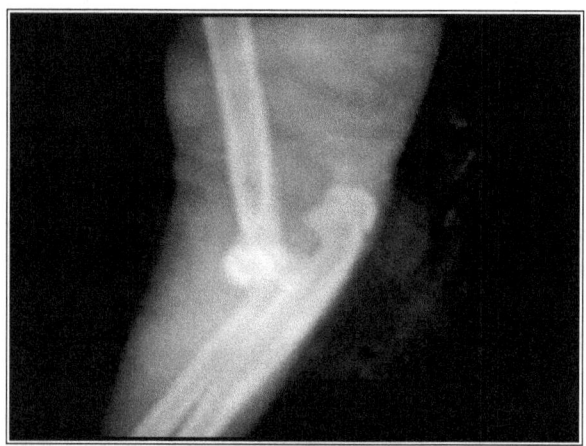

Luxación húmero-radio-cubital (radiografía).

La fractura se diagnostica por medio de la palpación manual en 80% de los casos y se localiza su foco con sólo recordar las lecciones de patología quirúrgica recibidas en la universidad. Si usted es veterinario y no las recuerda, debe regresar a estudiarlas otra vez antes de volver a tocar un gato en servicio asistencial, y si no es veterinario, ¡por favor, ni toque al animal!

Si la fractura se detecta fácil, la radiografía resultará innecesaria. No me tome la palabra por completo: hay casos complejos que requieren una radiografía. Y si el animalito será sometido a una intervención quirúrgica, la película de rayos x se convierte en asistente clase A del cirujano; se transforma en un mapa quirúrgico de incalculable valor.

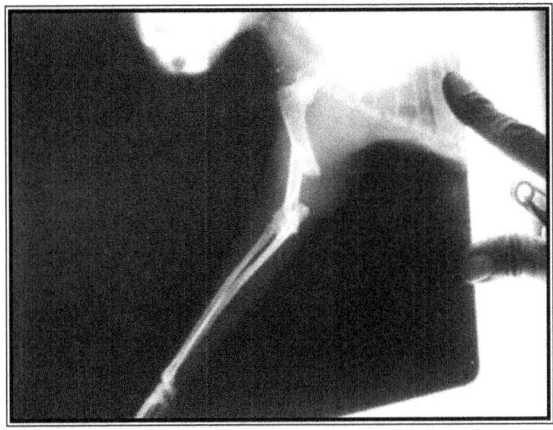

Fractura del húmero en su punto medio.

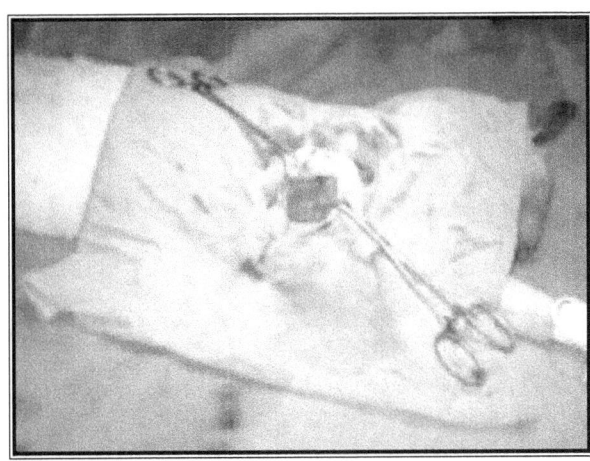

Apertura de la herida.

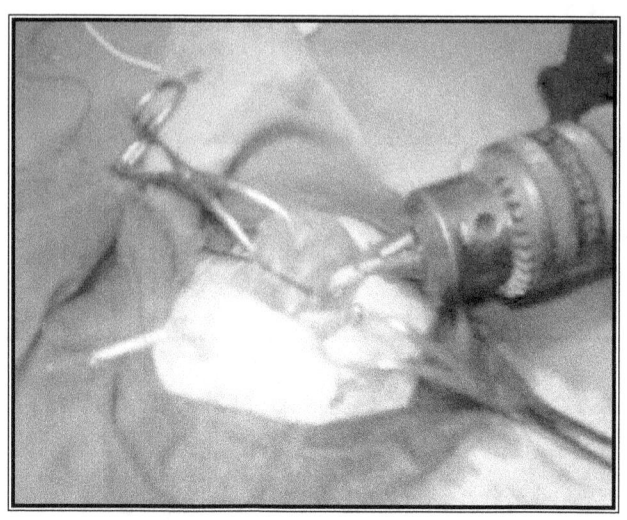

Enclavado intramedular con ayuda de un taladro.

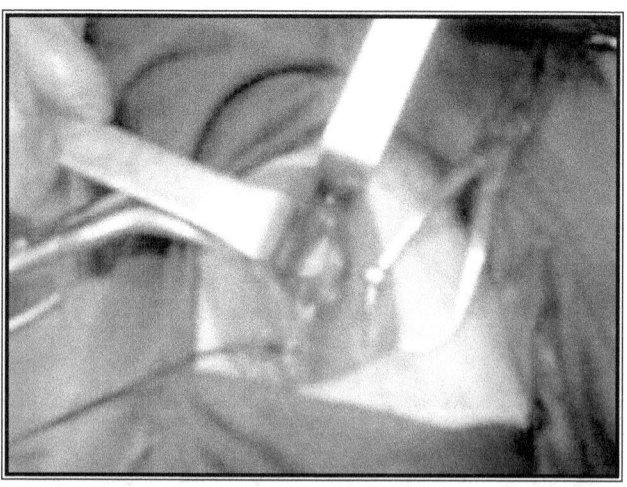

Acoplamiento de los extremos del hueso fracturado.

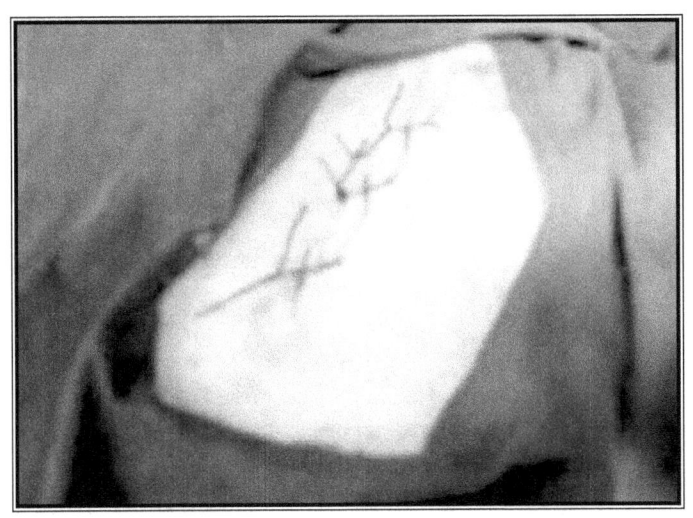

Sutura de la herida.

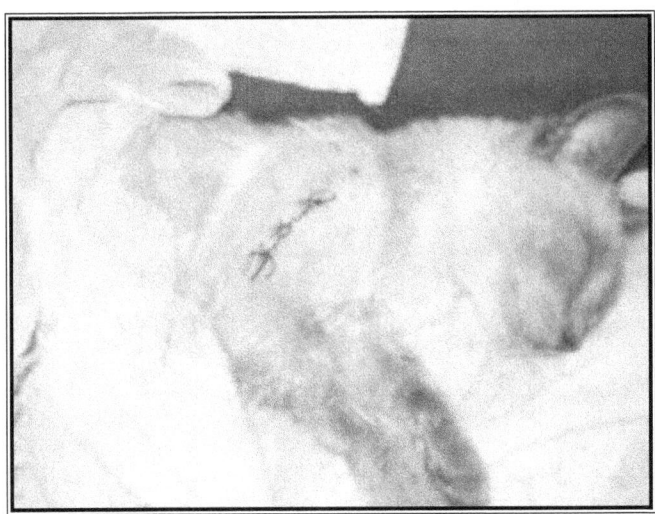

Final feliz.

Las fracturas de falanges, metacarpianos o metatarsianas —mano o pie— suelen recuperarse espontáneamente, aunque siempre quedará una ligera cojera como memoria física del accidente. En ocasiones éstas permiten el empleo de una férula con venda de yeso que ayuda a la rápida recuperación, pero no es fácil llevar estas ideas a vías de hecho.

Si el animal está debilitado del tren posterior, no puede pararse o se arrastra, podemos estar ante una fractura de la pelvis ósea. Las fracturas más frecuentes de la pelvis ocurren en el ala de ilion, el borde anterior del hueso pubis y a lo largo de la sínfisis pelviana.

Las fracturas de pelvis no suelen ser intervenidas quirúrgicamente, pero requieren de un prolongado reposo y cuidados.

Una vez recuperado del accidente pelviano, no es aconsejable ni la gestación ni el parto, porque será un parto distócico seguro. La esterilización de la hembra es aconsejable, salvo contar con la seguridad del *nunca más saldrá de casa*.

Las fracturas de huesos largos pueden ser inmovilizadas, en ocasiones, con venda de yeso; sin embargo, una buena parte de ellas requiere de una cirugía con enclavado intramedular o instalar un fijador externo.

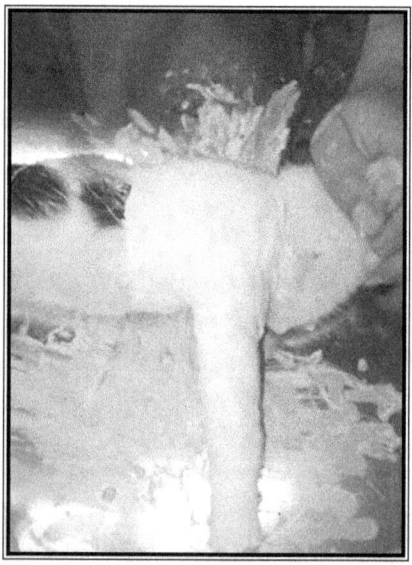

Inmovilización con venda de yeso.

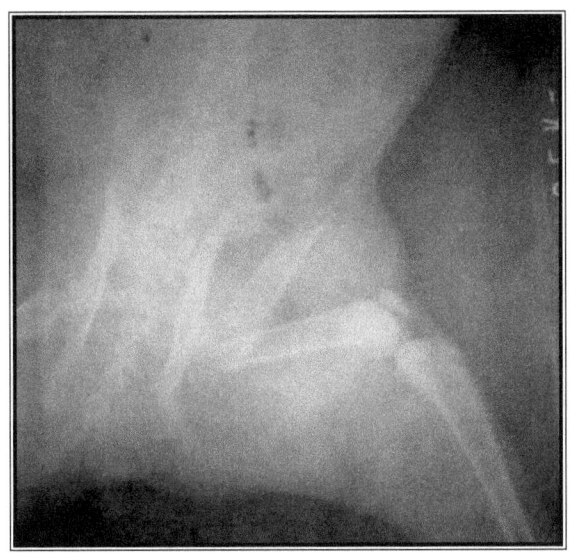

Fractura del fémur en su punto medio.

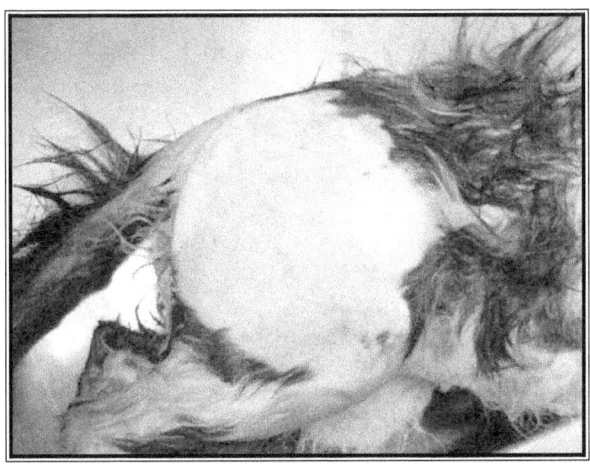

Rasurado y preparación del campo operatorio.

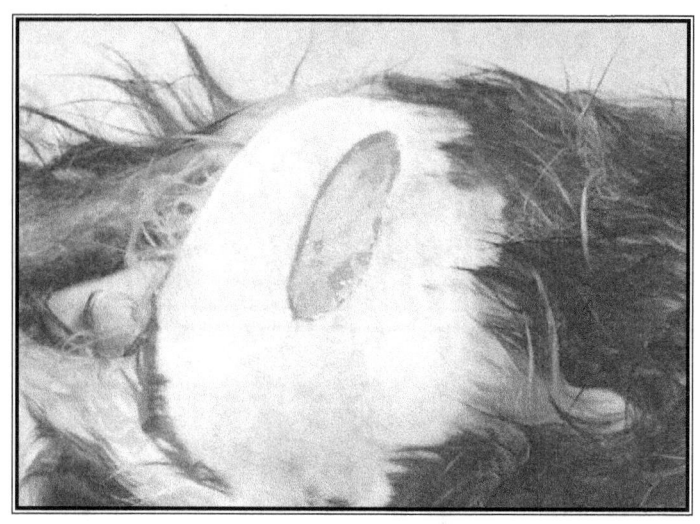

Incisión de la piel.

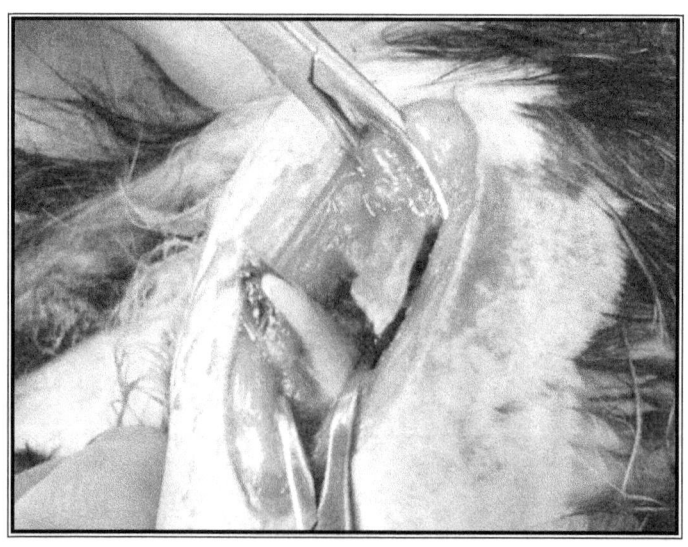

Exteriorización de los extremos del hueso fracturado.

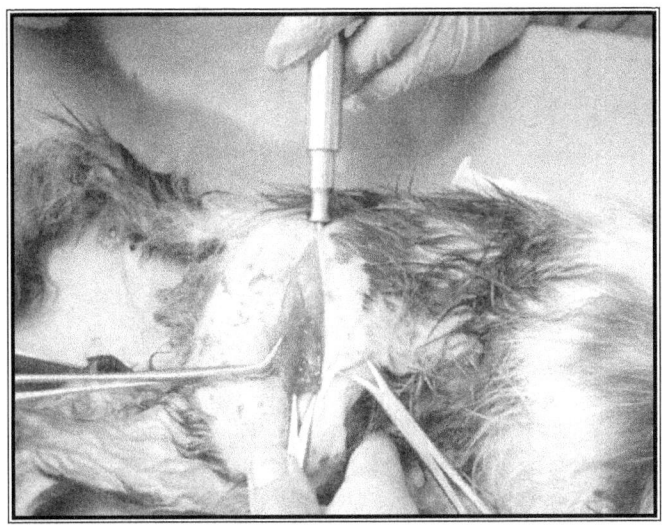

Enclavado intramedular con ayuda del martillo ortopédico.

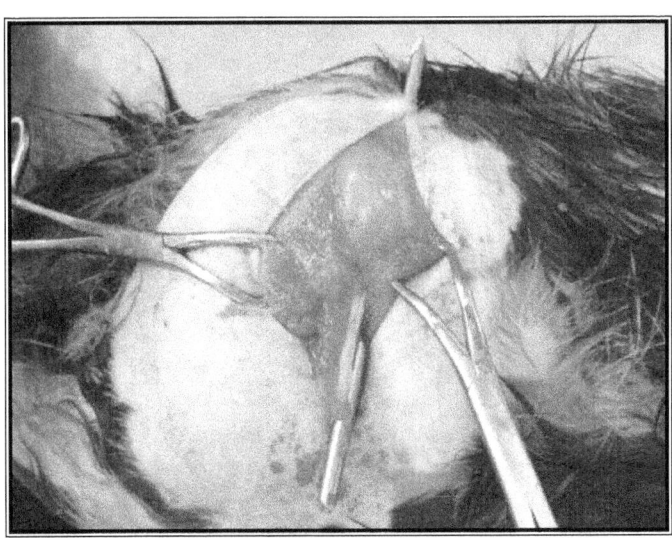

El clavo intramedular ha permitido el acoplamiento de los extremos fracturados.

Siempre hemos empleado la técnica intramedular de Kichnner con clavos ortopédicos, algo bien conocido; es una técnica quirúrgica que aparece en cualquier tratado de cirugía veterinaria. La intervención no es tan compleja como algunos piensan, ni tan simple como creen otros.

Debe tenerse presente que los calibres del clavo a emplear en gato siempre serán acordes con el grosor del hueso. También ha de distinguirse que martillar para introducir un clavo en el frágil canal óseo de un felino nunca será igual que el de un perro u otra especie.

El empleo de fijadores externos siempre resultará superior porque no hay que abrir la herida para abordar la fractura.

Veamos: al abrirse la herida para enclavar, las astillas pierden su riego sanguíneo y deben ser extraídas, fenómeno que denominamos *secuestro óseo* y que en el caso de emplearse los fijadores externos nunca ocurrirá, pues la herida nunca se abre; es decir, nunca sucederá la *secuestración* de las astillas .

Si no se ha generalizado en el mundo el uso de los fijadores externos es por su alto costo, lo cual conllevaría a elevar las tarifas a un público tan variopinto como lo es el dueño de un gato.

La luxación en caídas desde alturas inferiores a los cuatro metros es más frecuente que la fractura, pese a lo cual siempre debe esclarecerse la ausencia de fractura.

Por las condiciones anatómicas del gato, las luxaciones de la extremidad anterior son raras, salvo daños ocasionados por gente malvada. En la extremidad posterior se emplea el método de medición simultánea del largo de piernas, consistente en colocar la pelvis en el borde de la mesa clínica y extender las dos extremidades a la vez de manera suave y firme. Las extremidades normalmente deben tener el mismo largo. Si la dañada está más corta significa que la cabeza del fémur se ha salido de la cavidad acetabular hacia arriba, y si la dañada es más larga esta luxación coxo-femoral es hacia abajo.

El postoperatorio del gato siempre será mejor que el del perro. Recientemente se operó a una gatita de una fractura humeral completa y su recuperación fue maravillosa. Para colmo estaba recién cubierta y pese al empleo del tiopental sódico en la anestesia parió normal a los 50 días siguientes a la intervención quirúrgica, realizada por un experimentado *team* de cirugía.

La intervención quirúrgica se realizó en la clínica veterinaria de La Habana por la doctora Dunia Rosabal y su equipo de asistentes. Su costo: 50 pesos cubanos (menos de dos dólares americanos), razón que hará comprender al lector foráneo el porqué los veterinarios cubanos somos pobres ¡y felices!

Los gatitos caen de balcones y azoteas frecuentemente cuando comienzan a dar sus primeros pasos y la madre está ausente en busca de la caza diaria. Si ocurre desde gran altura suele ser mortal porque aún no han desarrollado *la volta*, esa virtud tan admirada de siempre caer de pie.

Los accidentes automovilísticos son raros en los gatos callejeros; sin embargo, en los domésticos ocurren en alguna medida cuando salen de noche para sus primeras aventuras amorosas y cruzan calles de tránsito intenso. Ocurre que los faroles encendidos encandilan su visión poco preparada para recibir tal carga de luminosidad. Y colisionan con un auto.

Si las ruedas del auto pasan sobre la cabeza o tronco del animal, la muerte es casi segura; y si la parte arrollada es una extremidad, los huesos suelen quedar hechos añicos y la amputación viene a dar una solución médica compatible con una futura buena calidad de vida.

Recuerdo a *Cato cojuelo*, un hogareño que gustaba dormir bajo las ruedas de un auto y ¡zas!, ocurrió una fractura del fémur. Durante la intervención recortamos tanto las partes destruidas en el foco de fractura que, una vez consolidada, no contactaban, ni los cabos de la fractura ni pie y suelo, pese a lo cual se desplazaba con agilidad de felino. He atendido mininos con sólo tres extremidades cuya vida transcurre dentro de límites normales.

Si la colisión sólo golpea pueden aparecer fracturas en uno de los remos, siendo factible su reducción quirúrgica empleándose el enclavado intramedular o los fijadores externos.

En ocasiones puede utilizarse una venda de yeso para inmovilizar el hueso fracturado, siempre siguiendo el principio de inmovilizar más allá de las articulaciones inmediata superior e inmediata inferior el foco de la fractura y evitar el movimiento de rotación del hueso sobre su eje. Siempre debe extenderse el hueso quebrado y conectar sus partes antes del encalado, cuidando de no presionar mucho la piel durante la extensión del remo porque la presión digital puede perforar y crear una nueva complicación que puede ser evitada.

Si los extremos quebrados enfilan sus puntas hacia adentro hay desgarraduras musculares; si se desplazan hacia fuera se producirán heridas que deben ser suturadas. No es prudente enyesar sobre una herida; sin embargo, pueden concebirse ventanas que dejan la herida liberada del encalado.

Las fracturas de caderas suelen sanar con el reposo; no obstante, una deformación del canal pelviano puede acarrear futuros problemas de parto distócico o dificultades para defecar durante toda la vida, siendo una de las causas que predisponen al megacolon, tan frecuente en los gatos viejos.

Si el choque entre el animal y el vehículo fue leve, pueden ocurrir luxaciones y esguinces que suelen sanar gracias a esa virtud tan felina de equilibrar el peso del cuerpo hacia delante o atrás; hacia derecha o izquierda, haciendo variar su centro gravitatorio en beneficio corporal bajo cualquier circunstancia.

Las pisadas sobre la cola, caídas de un objeto sobre su cuerpo o retención por presión contra una puerta doble son frecuentes accidentes del hogar y suelen tratarse por medio de procedimientos ortopédicos clásicos, como la inmovilización parcial de la cola, pomadas, compresas de agua fría y otros.

Los golpes de origen criminal con un cuerpo contundente suelen ser demoledores porque impactan la cabeza y columna vertebral; con frecuencia son muy dolorosos al gatito y en muchas ocasiones mortales. Su diagnóstico casi siempre requiere de una radiografía.

En el primero de los casos afectan al encéfalo y sus meninges; en el segundo, a la médula espinal. Son conductas propias de los enemigos del gato a los que una y otra vez hago referencia en este texto; en realidad, una conducta indecorosa de la condición humana. Al fin y al cabo nuestro querido felino hogareño es "una ventana entre la vida, entre la muerte".

El gato y sus heridas

Si usted tiene un gato castrado y lo mantiene todo el tiempo dentro de la casa, digo, de la vivienda, le puedo decir que difícilmente sufrirá una herida. Si por el contrario su gato es *entero* y sale en las noches, digamos, a refrescar sus fueros calóricos, las probabilidades de una herida en los muchos años que vivirá son de un ciento por ciento.

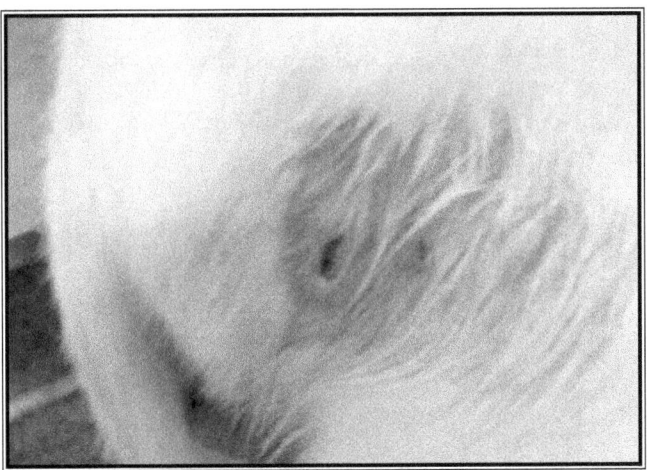

Herida de colmillos.

Si el concepto de herida presente en la población se limita a la discontinuidad de la piel en un punto dado, es decir, un tajo de tamaño variable, para los veterinarios también son heridas la perforación con un cuerpo punzante, un arma de fuego, la mordida de un perro o de otro gato, la exteriorización de un hueso fracturado, el aguijón de una abeja o alacrán, una espina, un clavo; en fin, hasta la simple introducción de un alfiler, donde la salida de sangre es poca o nula, debe ser considerada una herida.

Las heridas punzantes son las causadas por un objeto más o menos agudo y filoso en su extremo y casi siempre interesa la cavidad abdominal o respiratoria.

Y si quiere romperse la cabeza pensando, le pregunto: ¿qué sucedería al gato si un mal cálculo de distancia por altura —y otros parámetros— le hiciera caer sobre una de las puntas de lanza tan frecuentes en los enrejados de jardines?

No se esfuerce en buscar la respuesta: se clava sobre la lanza, se abre la cavidad abdominal y si una víscera importante no es insultada, se cierra quirúrgicamente y se salva el animalito. Si la lanza se clava en hígado, bazo o riñones, el pronóstico será reservado.

Si se clava en la cavidad respiratoria, se provoca un neumotórax; es decir, una entrada de aire al espacio existente entre la pleura pulmonar y la pleura costal.

Se cierra la herida y se extrae el aire con una bomba de vacío. Pero si no se cuenta con este equipo es posible ingéniselas con una jeringa y llave de salida. Siempre se logra.

Las heridas cortantes son causadas por cuchillos, vidrios u hojalatas. El gato corre a todo trote porque lo persigue un perro; pasa por debajo de una alambrada y su lomo roza con una hoja cortante. Resultado: una larga herida en el dorso o uno de los flancos.

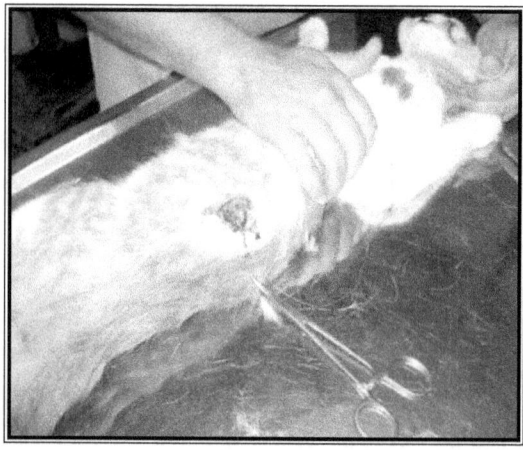

Sutura de herida en gato bajo narcosis.

La sola sospecha de una herida en un gato obliga al examen pormenorizado del área. Lo que parece ser una simple herida, tras el rasurado del pelo en muchos casos deja al descubierto un tajo impresionante cuyos bordes requieren de rápidas suturas, pues la invasión de tejido cicatrizal es inmediata.

Entre las primeras doce a 18 horas de la lesión será difícil unir los bordes ante la invasión de tejido cicatrizal. Si esto sucediera, lo indicado es recortarlos con unas tijeras, activando así la cicatrización al unir ambos bordes.

Todo propietario debe contar con un contenedor de animales, o caja de plástico o cartón acondicionada para su transportación. Cargar con un gato herido a cualquier hora del día o la noche es tarea difícil.

La gravedad de una herida obedece más a la hemorragia presente que a su tamaño. Si la sangre sale a borbotones indica que un vaso sanguíneo de calibre considerable ha sido roto, por lo que se hace necesario un torniquete, el cual puede lograrse con una liga. Si la sangre es de color rojo intenso, propio de la sangre arterial, la ligadura se coloca entre la herida y el área cardiaca; si es oscura, como la sangre venosa, por debajo de la herida, más alejada del corazón. Si detiene la hemorragia nada grave hay y puede usted calmarse, pero si no logra detenerla en el hogar las cosas pueden tomar un color gris intenso.

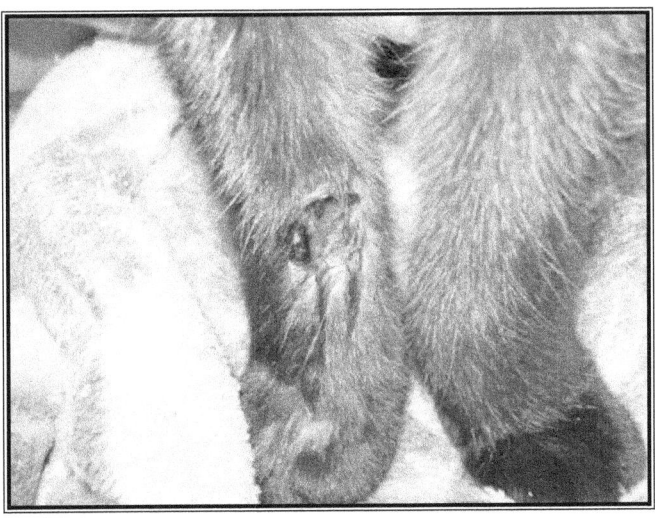

Herida en extremidad anterior derecha.

La cantidad de sangre perdida es determinante en la vida del herido. Un cálculo elemental nos dice que la sangre del gato constituye al menos 10% de su peso (un señor gato de cuatro kilogramos tendrá unos 400 gramos) y si la pérdida es acelerada, 25% de pérdida torna intolerable la sobrevivencia.

Así que ante una hemorragia no aconsejamos ni buscar un veterinario ni acudir a una clínica. Aplique lo antes apuntado. Son muchos los casos que nos llegan ya desangrados y si no se cuenta con sangre entera o plasma, poco podemos hacer.

En la práctica, sin que me tomen al pie de la letra lo que aquí escribo, la pequeña herida en el cuerpo, que sólo interese la piel, no precisa de sutura. La desinfección de la herida y una aplicación de pomada cicatrizante suele ser el procedimiento ante estos casos. Si la herida es en la cara, debe evaluarse cuánto significaría en el orden funcional o estético.

Si la herida interesa a la fascia muscular es necesaria la reconstrucción del músculo. Emplee catgut fino para el músculo y seda, nailon o poliéster para la piel. Si los bordes son irregulares, se tendrá que emparejar con unas tijeras. Nunca permita que los pelos toquen los bordes de la herida. Tampoco deje restos de algodón, porque ambos interfieren en la cicatrización. Tenga presente que esta es una proliferación de tejido intersticial que termina, por lo común, a los ocho días siguientes a la sutura.

El gato herido requiere de una manipulación cuidadosa. Una herida causa dolor, motivado por los daños infligidos a las terminaciones nerviosas del área lesionada. Su reacción normal ante el insulto de una mano —aunque sea para acariciarle— será morder o lanzar sus garras a diestra y siniestra.

La persistencia del dolor más allá de las primeras 72 horas implica complicación por daños a tejidos circundantes o la invasión de agentes infecciosos. El tétano es muy raro en el gato, pero no imposible.

Por último, queremos describir el absceso, esa herida ocasionada en las riñas por la posesión de una hembra en celo o el dominio de un territorio y que, pese a su frecuente repetición, es una verdadera tragedia gatuna. Sucede por efecto de la garra o el colmillo de un agresor, que puede ser por igual del vencedor o del vencido.

El absceso siempre implica destrucción de tejidos que se descomponen, con tendencia a la formación de pus. Suele presentarse un bolsón de consistencia y tamaño variables.

Incidir con el bisturí sobre el absceso es poco aconsejable, siendo preferible la aplicación de una pomada rubefaciente o fomentos de sulfato de magnesio al

33% (sal de Epson), combinado con penicilinas que, al pasar los días, lo ablanda hasta que se abre el punto de evacuación y sale un material purulento denso.

Ya lo dijo Celsius (1624): *ubi pus, evacua*, que en español puede entenderse como "donde hay pus, él sale".

Del estreñimiento al megacolon

El estreñimiento está presente en todos los mamíferos domésticos y salvajes, en especial caballos, cerdos y perros; sin embargo, en el gato cobra importancia y todo tratado de clínica felina da espacio a su estudio. Dicho de manera simple: es una complicación que conduce frecuentemente a verdaderos episodios de vida o muerte.

Un simple análisis de su alimentación, el obsesivo hábito de limpiar su piel —acción que implica la ingestión de pelos—, la posibilidad de accidentes no reconocidos por el propietario —que inducen cambios en el diámetro pelviano— y la disminución del peristaltismo intestinal propia de todo mamífero con largos años vividos, son condicionantes que convierten al gato —y a todos los felinos— en un género muy propenso al estreñimiento.

Pudiéramos agregar la ingestión de huesos u otros alimentos no digeribles; la poca absorción de agua y la falta de ejercicio propia de los gatos obesos y viejos, a lo que podemos agregar lesiones o simples trastornos de los plexos que inervan el colon.

El estreñimiento frecuente en un gato está fuertemente relacionado con su modo de vida; es decir, el de uno de esos gatos arrabaleros —por lo general sementales— con un quehacer envidiable sobre techos y azoteas y cuyos desordenados hábitos donde hueso, carne magra y poca ingestión de agua se aúnan en una tríada la cual altera la evacuación fecal diaria.

Si hay estreñimiento y se tratase de un gato castrado, que permanece todo el tiempo en el interior de la vivienda, que come sólo *dry food (comida seca)*o carnes y pescados bien picados y mayor de cutaro años, definitivamente se debe pensar en un *megacolon*.

El *megacolon*, llamado también colon gigante, es una dilatación enorme de este segmento intestinal que implica, a simple vista, un aumento del diámetro abdominal y a la palpación, una consistencia dura de los intestinos.

El colon del gato cumple las funciones de receptáculo del contenido intestinal y absorbe la mayor parte del contenido acuoso que, una vez desecado se impulsa al recto para su salida. Si hay una disminución sensible en la motilidad del segmento, la materia intestinal permanecerá más tiempo del necesario y se tornará más dura y más seca. Habrá complicaciones eventuales o permanentes.

El propietario acude ante el veterinario porque su mascota —gato o perro— presenta dificultades al defecar, permanece largo tiempo en posición de hacerlo y aquél cuenta que pasan días sin encontrar deposiciones en su sanitario. He tenido pacientes que sólo evacuan el recto cada tres o cuatro días y, por lo general, su vida transcurre con muchas dificultades, como el aumento de la urea, rash cutáneo reiterativo, dificultades en la marcha o el salto y otros trances afines.

La prevención del estreñimiento por medio de laxativos periódicos es posible en una gran parte de los casos. Ya instaurado un megacolon por edad, accidente, tumor intestinal idiopático o de cualquier otro origen, las cosas se hacen más difíciles; en ocasiones, se hace necesario el procedimiento quirúrgico (coloctomía), consistente en la resección parcial o total del órgano.

Mi amigo Seim III describió la intervención con auxilio de un video en el Congreso de AMMEVEPE (2005) y en poco difiere de la descrita por la peruana Rubio Valdivieso en un gato persa que al tercer día fue enviado a su casa mostrando una recuperación rápida.

En mi vida profesional —que no ha sido ni corta ni perezosa—, he realizado la evacuación quirúrgica del colon sin su resección en perros y gatos por igual, siempre asociados con fecalomas y también la extracción de cuerpos extraños como canicas, semillas y pequeñas pelotas, casi siempre en intestino delgado.

Por cierto, averiguando entre mis colegas sus experiencias para la redacción de este texto, saqué en claro que, en estas intervenciones, la sobrevivencia es elevada, salvo que el paciente haya sufrido el mal durante un tiempo prolongado.

Le recuerdo al lector que los dolores del colon son terribles y se denominan cólicos.

La enfermedad inflamatoria renal del gato

Los riñones pueden ser considerados el filtro funcional más eficiente conocido por el hombre. Ni siquiera pueden igualarle esos enormes tamices de carbón vegetal empleados en las destilerías para producir un *whisky* transparente de lo que era una turbia fermentación de maíz.

Se puede decir que la vida de los mamíferos —en especial la del gato— depende en gran medida de la función renal, pues mediante su paso constante por estos órganos la sangre es depurada una y otra vez, eliminando del torrente sanguíneo productos tóxicos, o bien desechos generados durante el metabolismo o toxinas asociadas a los alimentos.

Son también funciones del riñón el mantenimiento del equilibrio de los líquidos corporales, incluidos los minerales y otros electrolitos necesarios para el funcionamiento normal del organismo; es decir, elimina el exceso y retiene sólo lo necesario, mecanismo que, al fallar, complica el funcionamiento normal de todo el cuerpo.

Una simple isquemia renal de dos a tres minutos ocasiona daños graves a cualquier organismo viviente, que puede repercutir durante días e incluso semanas.

La enfermedad renal inflamatoria del gato constituye el capítulo de salud más importante para los veterinarios cuando se enfrentan a un minino enfermo, además de ser la primera causa de muerte en el mundo de los felinos. Así, se habla de una enfermedad inflamatoria renal aguda (el gran riñón pálido) y una enfermedad renal crónica (el pequeño riñón hiperhémico), cuya diferenciación depende más del tiempo transcurrido desde su aparición que de la intensidad del mal ya detectado.

Su origen está asociado a desequilibrios en los niveles séricos de fósforo, potasio y sodio que, al paso del tiempo, tienden a acentuarse e irrumpen de repente con una sintomatología sorprendente ante los ojos del amo.

Se trata de enfermedades metabólicas de difícil prevención en los gatos domésticos alimentados con comidas caseras, pues los altos niveles de proteínas siempre presentes en el pescado y las carnes en su degradación producen toxinas como la urea que, ante una falla renal, no puede ser eliminada y aumentan su nivel en sangre más allá de lo tolerable.

En realidad, ni siquiera los gatos alimentados con raciones de concentrados comunes —dry food— escapan al mal, aunque ya existen preparados bajos en proteínas (dry food ligth), destinados a animales con padecimientos renales. Los veterinarios deben tener presente estos preparados a la hora de prescribir una dieta al gato enfermo.

El aumento de estas toxinas trae aparejado síntomas de pérdida del apetito, depresión, letargo y vómitos, acompañados de aumento en la cantidad de agua ingerida (polidipsia) y de la orina eliminada (poliuria).

Algunos aseguran que esta insuficiencia renal forma parte del control natural para evitar la superpoblación felina, tesis que, en lo personal, me parece ridícula.

En los últimos años se ha comenzado a prestar más atención a diversas anormalidades asociadas con la insuficiencia renal crónica del gato, tales como la hipertensión sistémica (60% a 70% de los casos), anemia (40%) y la hipocaliemia o déficit de potasio sanguíneo (23%, R. Gatti, 2006). El investigador agrega que los tratamientos deben enfilarse hacia un control constante de los niveles de potasio y, de ser necesario, reponer su déficit, al igual que el del fósforo, en general en niveles muy superiores a lo permitido por el organismo.

Suerte la de nuestros pequeños felinos que sus vidas sean estudiadas por hombres como mi admirado colega argentino, que ama tanto a los gatos como usted y yo.

El cáncer, el gato y el veterinario

Escribir acerca del cáncer es algo que me sobresalta por igual que a usted leer lo escrito; aun así, estoy obligado de redactar estos apuntes. Son sólo unas notas destinadas a dar cierta información de la enfermedad; sin embargo, dada la importancia del tema, lo enfrento a pecho descubierto.

El cáncer puede ser definido como una enfermedad caracterizada por el crecimiento anormal y desordenado de las células que componen los tejidos de un órgano determinado; diseminado en varios sitios o generalizado en todo el cuerpo y cuya manifestación más evidente es *el tumor*.

Hay tumores tan benignos y comunes como las verrugas, que sólo producen un punto en la piel; otros son malignos y también comunes en el gato, como el linfosarcoma y la leucemia, que ataca la sangre. Existe la leucemia viral transmisible, muy difundida entre los gatos.

La incidencia del cáncer en los gatos mayores de ocho años es elevada; algunos estudiosos la cuantifican superior a 30% en la población felina adulta, sin que exteriorice su patogenia. Si ante cada caso sospechoso de la enfermedad realizáramos una biopsia, el número real puede resultarnos asombroso.

Si años atrás el cáncer se concebía como una enfermedad mortal, en los días que transcurren su cura es posible en muchos casos, mientras que en otros podemos disminuir su agresividad, a tal punto que se hace compatible con la vida, digo, con calidad real de vida, que es cuando el animal desarrolla su vigilia, juegos y saltos de manera normal.

Una colega, especialista en la materia, lo esclarece de manera genial: "La presencia de un cáncer en nuestra mascota no significa una sentencia a muerte, ni puede ser considerado el cáncer como una única enfermedad" (E. Martínez, 2001).

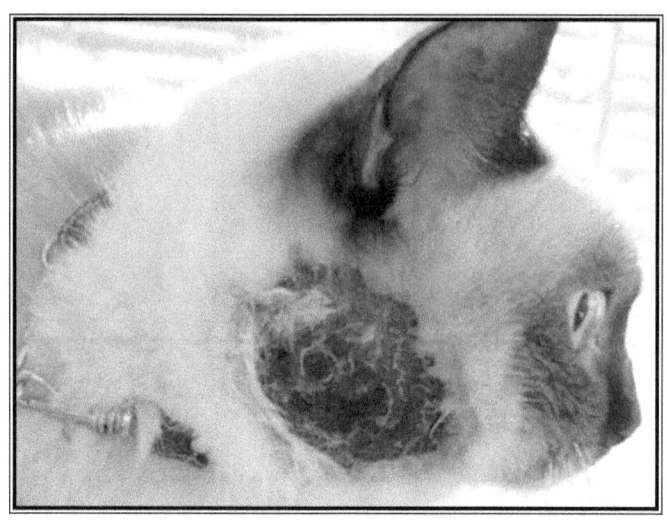

Linfoma maligno del gato.

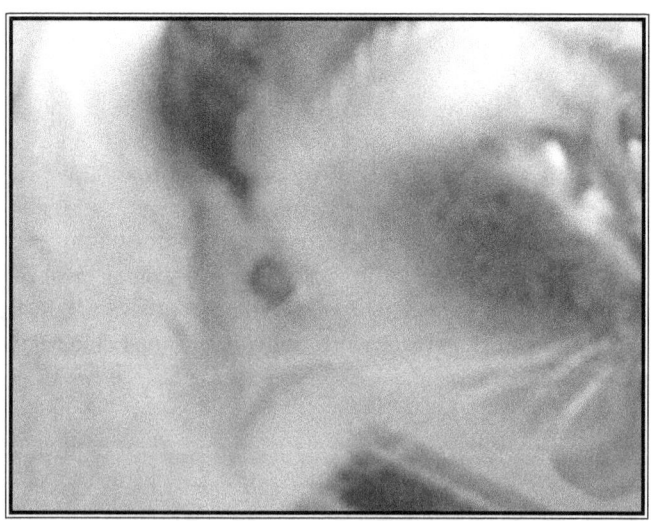

20 días después de emplear interferón, recombinante humano y cefalosporinas.

Cierto, no puede ser encasillado como una enfermedad única porque sus variaciones de presentación, crecimiento, agresividad y respuesta terapéutica lo convierten en todo un complejo de enfermedades, dañino al organismo mediante el síntoma común del crecimiento celular desordenado.

La Sociedad Americana del Cáncer en Veterinaria (2007) desarrolló una lista con los diez principales síntomas que produce esta enfermedad:

1. Bultos anormales que crecen de forma persistente.
2. Heridas que no cicatrizan.
3. Disminución de peso.
4. Pérdida de apetito.
5. Sangrado por cualquier orificio del cuerpo (boca, nariz, ano, genitales, entre otros).
6. Mal olor.
7. Dificultad para comer o tragar.
8. Rechazo al ejercicio (cansancio).
9. Cojeras persistentes.
10. Dificultad para respirar, orinar o defecar.

Visto en sus síntomas es comprensible lo difícil de su prevención, pues se trata de una enfermedad donde se aúnan factores de tipo ambiental, hereditario y modo de vida.

Algunos autores plantean que los gatos que coexisten con familias de fumadores son cinco veces más propensos a contraer la enfermedad. Al parecer, en el humo del tabaco se transmiten sustancias cancerígenas las cuales se depositan sobre la piel del animal que, con su costumbre del aseo constante, las ingiere.

Para la forma viral hay formas previsibles por medio de vacunas, ya comerciales, al alcance del veterinario, como la vacunación contra la leucemia viral felina. También se sabe que la castración temprana de la hembra y del macho evita los influjos hormonales que predisponen al cáncer de mama, testículo y en general de todo el aparato genital de ambos sexos.

El tratamiento contra el cáncer del gato cuenta con tres armas a su alcance: cirugía, radiaciones y quimioterapia.

La cirugía de tumores evidentes en piel, mamas, extremidades y boca es el tratamiento más común al alcance del veterinario. Por lo general, los animales que sobreviven al acto quirúrgico a los pocos días vuelven a su vida normal; en otros casos, el tumor recidiva pasado algún tiempo, que puede ser meses, o años.

En ocasiones, el tumor de una extremidad, en especial el osteosarcoma, obliga a su amputación, tras lo cual el animalito vuelve a la normalidad.

Las radiaciones son provechosas cuando se aplican solas o como complemento de la cirugía o la quimioterapia y tienen un valor terapéutico fantástico. En realidad son equipos de alto costo que escapan a las posibilidades de mis clientes y de la mayoría de los veterinarios de nuestros países americanos y de los independientes de cualquier país.

La quimioterapia es ya de uso común en la terapéutica anticancerosa, en ocasiones como única medida terapéutica, y en otras como complemento de una cirugía previa o posterior.

Los *citostáticos* son drogas anticancerosas de uso ya generalizado en la medicina veterinaria, cuya acción se acerca más a evitar el crecimiento del tumor que a su destrucción. En lo personal he empleado la ciclofosfamida y el sulfato de vincristina, con resultados positivos en perros y discretos en los gatos.

Las técnicas quirúrgicas y los protocolos de dosificación de antitumorales aparecen en todo tratado de cirugía veterinaria de pequeñas especies y forman parte ya de los planes de estudio de cualquier universidad.

El éxito de la cirugía o terapéutica depende en gran medida del tiempo transcurrido entre la aparición de la enfermedad, su detección por parte del propietario del gato y la demora en acudir ante el veterinario. Si el crecimiento del tumor gana en infiltraciones que, a modo de patas de cangrejo, se adosan a su base —de ahí el nombre de *cáncer*— la recuperación será muy difícil.

Tampoco será de igual pronóstico acudir cuando comienza a disminuir de peso que llevar en las manos un gato caquéctico, o un incipiente tumor de mama que una tumefacción de gran tamaño.

¡Cuánto avance en la medicina veterinaria durante el último cuarto del siglo xx!

Carta de un gato diabético a su amo

Mi querido amo:

Te escribo estas líneas para darte una mala noticia: soy un gato diabético, algo bastante corriente en los gatos mayores de ocho años, aunque mucho menos que en los perros adultos, en los que la diabetes puede alcanzar hasta 20%.Se trata de una enfermedad provocada por una deficiencia en la producción de insulina, una hormona que elabora el páncreas y que regula el metabolismo de los carbohidratos y los niveles de glucosa en sangre. No es infecciosa y puedes continuar jugando conmigo como hasta ahora, rascarme la tripita y halarme suavemente los bigotes, sólo que tendrás que cuidarme un poco más. Nada de llantos, que si continúas leyendo hasta el final verás que no voy a morir.

Las cosas comenzaron cuando mi apetito aumentó, como también se incrementaron la sed y las ganas de orinar una y otra vez hasta humedecer, en demasía, la palanganita que me compraste en la tienda, algo que los veterinarios llaman tríada diabética (polidipsia, poliuria, polifagia).

¿Sabes?, —¡bien que sabes!— Soy un gato castrado y de buen comer. En consecuencia, aunque me da pena decirlo: soy un gato obeso, más propenso a contraer la diabetes. Y perdí mucho peso corporal.

Tú andabas en nuestra finca de "Fango hasta el pecho" mientras yo sufría de letargo, trastornos en la marcha y hasta descuidé mi constante aseo personal. Mi pelo perdió su brillo, me puse desgreñado, pero lo que más le preocupó a la persona con que me dejaste fue mi pérdida de capacidad para el salto y que comenzara a caminar con todo el tarso apoyado sobre el piso —como si fuera un oso—, algo que no es habitual en mí ni en ningún gato, porque nosotros somos digitígrados; es decir, caminamos sobre la punta de los pies, lo que obliga al veterinario a sospechar de una polineuritis diabética.

Por lo demás, las cataratas diabéticas, tan frecuentes en los perros cocker spaniels y de otras razas, son raras en nosotros, los gatos diabéticos.

El diagnóstico de la enfermedad no fue fácil, porque estos síntomas también están presentes en los ataques de algunos virus y en la leucemia, entre otras enfermedades.

El veterinario, que es un aguafiestas, me indicó tres hemogramas en ayunas a intervalos de una semana para evaluar mi nivel de glucosa en sangre. Figúrate, ¡con lo comelón que soy! Se repite para descartar la diabetes emocional, algo que nos pasa cuando somos sometidos al estrés de salir en un recipiente plástico, echar una bravuconada o encolerizarnos ante una situación inusual.

También indicó que se colectara mi orina, al menos una vez por semana, y la llevarán al laboratorio veterinario para hacerle la prueba de Benedict hasta que aprendieran a hacerlo en casa los que me cuidan y puedan controlar mis necesidades de insulina.

Mi veterinario que, en honor a la verdad, es hombre de mucho estudio, navegando en la Internet, encontró un párrafo muy interesante y así me lo leyó: "El medicamento de elección para tratar esta patología hormonal felina es la insulina y en la actualidad la que está dando los mejores resultados es la llamada Glargina (nombre comercial Lantus). Se trata de una nueva insulina sintética recombinante humana. Esta insulina fue diseñada para causar un aumento leve sostenido de la concentración sérica de insulina que controle la producción de glucosa hepática."

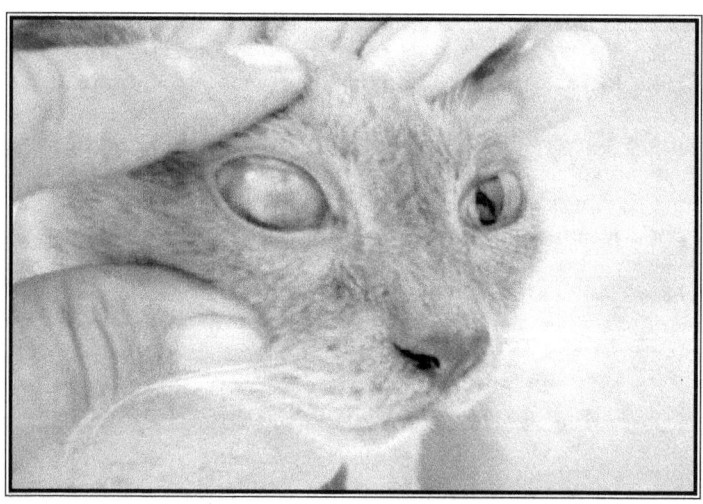

Cataratas compatibles con la diabetes felina.

Encendió un cigarro, se rió de mí y continuó leyendo al señor que me llevó a la consulta ¡como si yo no lo oyera! Y dijo: "Lo cierto es que este medicamento se había ensayado ya en gatos y los resultados publicados con anterioridad al año 2006 no indicaban mejores resultados con esta sobre otras insulinas utilizadas" (J. E. Zaldívar, 2007).

Me comentó que en adelante sería un gato insulinodependiente y que con sólo una inyección diaria podría curarme espontáneamente al cabo de algunos meses o llevar una vida normal e incluso vivir más que Machu, el gato domiciliado de mi veterinario (15 años) y que Angélica, la gata de Catalina González, de Centro Habana, que duró 26 años.

Por último señaló que una parte importante de mi tratamiento radica en la alimentación, la cual en el futuro debe ser baja en carbohidratos y rica en proteínas: nada de boniato, ni arroz, ni las natillas que me enloquecen en mi ración diaria. ¡Horror! Si me compras alimento seco, sea enlatado o en forma de pellets— tendrán que ser los formulados con bajos niveles de carbohidratos. Algo así como un alimento light.

Bueno amo, no quiero que te preocupes, pero sí que te ocupes de mi estado de salud. Tráeme carne de conejo, que es la que más me gusta y viene bien a mi condición de gato diabético. Te quiero mucho. Tu gato...

Vinagrito VIII

El gato viejo:
prolongar su vida *vs.* ponerlo a dormir

Su gato ha envejecido y usted no se ha percatado porque aún continúa haciendo los hábitos de vida como antes. Digo, se detiene ante la escudilla de los alimentos y el agua a todas horas del día y una que otra noche sale para disfrutar los placeres de la vida. Sin embargo, si usted prestara atención a ciertos cambios en su quehacer diario, lo comprobará:

1. Pasa descansando más tiempo que el que acostumbraba años atrás. Un gato viejo puede pasar hasta 18 horas del día en puro letargo.
2. Tiene dificultades para tragar líquidos y sólidos por igual, empleando mucho más tiempo que el indicado por la lógica para deglutir la ración acostumbrada. En muchas ocasiones la saliva espesa chorrea los labios y la halitosis es muy frecuente.
3. Hay disminución en su visión y audición, de tal manera que no acude rápido ante la llamada de sus propietarios, reacciona diferente ante un ruido y no distingue a algunas personas a las que saludaba tiempo atrás.
4. La eficiencia de su autoservicio de aseo ha disminuido y ahora se muestra lleno de greñas y alguna que otra suciedad sobre el cuerpo.
5. Sus movimientos son lentos y difícilmente corre; los saltos son cada vez menos y de reducido vuelo y cuando le tomamos las extremidades sus articulaciones chasquean como nuestros dedos al doblarlos con la mano opuesta.

Si bien nadie ha podido determinar a qué edad un gato ya está viejo, la mayoría de los estudiosos del tema determinan los diez años como puerta de entrada a eso que, puerilmente, en los humanos llamamos la tercera edad. En Cuba la vejez del gato es prematura: a los ocho años ya es un gato viejo.

En el perro algunos determinan siete años caninos como equivalente a uno humano, lo cual siempre me ha parecido carente de validez científica porque tal comparación sería aplicar la unidad de tiempo —año— creada por el hombre a una entidad biológica —la vida del gato— surgida independientemente de su intelecto. Así, ni quiero pensar semejante parangón con nuestro amigo felino, pese a lo cual, en cumplimiento a la honestidad, debo brindar al lector las tablas comparativas existentes.

Gato	Ciclo de vida	Hombre
6 meses	Infancia e inicio de la adolescencia	14 años
1 año	Adolescencia. El gato alcanza la madurez sexual	16 años
2 años	Edad media de un gato de calle	18 años
5 años	Madurez plena	30 años
8 años	Edad media superior	40 años
10 años	Inicio de la tercera edad	60 años
15 años	Vida media de un gato	75 años
20 años	El gato es ya casi un centenario	90 años

Tabla comparativa de la edad gato *vs.* hombre

Para el veterinario un gato viejo es un paciente geriátrico que requiere atenciones y cuidados propios de la vejez, porque, amigos, un gato de diez años es un animalito que ha enfrentado varias infecciones de virus y bacterias, lidiado con lombrices intestinales, pulgas, garrapatas y ácaros de la sarna; una criatura que ha tenido numerosas aventuras de salud digestivas, respiratorias, renales y, si no se le castró temprano, también episodios reproductivos que en el macho incluyen mordidas y abscesos reiterados. Y en la hembra decenas de partos y lactancias a lo largo de muchos años.

Siempre que tomo entre mis manos a un gato anciano, pienso: "Tengo un venerable ser triunfador de la vida y sus adversidades, bien por tanto cuidado brindado por sus amos; bien por su fortaleza biológica intrínseca."

Pienso en *Machu*, mi gato domiciliado, que visitaba mi casa desde cachorro y, dejado atrás por su dueño, se refugió en nuestro hogar en busca de protección y apoyo alimentario sólo cuando ya las fuerzas gastadas por los años así lo obligaron. Los gatos aman más su hábitat que a sus dueños y como siempre nos visitó aquí quedó.

Machu aún salta para caer sobre mis piernas y colocarse entre mi silla y el ordenador en que escribo estas cuartillas; se introduce en la casa por las tres puertas de entrada (no sé cómo descubre cuál está abierta); se acerca muchas veces a las escudillas del agua y la comida bebiendo más que de costumbre y comiendo muchas veces, siempre en mínimas cantidades, y como es gato entero sale a conquistar en la noche. Hay decenas de gatos como *Machu* en mi barriada y, creo, miles en el país.

Machu, **mi viejo gato domiciliado.**

Proceder del gato	Síntomas compatibles	Proceder del dueño
Come más de lo acostumbrado	Hipertiroidismo	Consultar a su veterinario
Asiste más ante la bandeja de agua	Diabetes	Consultar a su veterinario
Bebe más agua que de costumbre	Enfermedad renal Hipertiroidismo	Acuda al veterinario
Mastica y retiene la comida con dificultad, come poco	Enfermedades de las encías	Acuda al veterinario
Sangramiento de encías	Lengua, dientes en mal estado	Acuda a la clínica lo antes posible
Estreñimineto, bolas de pelo	Problemas del colon	Acuda a la clínica lo antes posible

Cambios propios de la vejez felina

Retomemos los hilos del asunto: un gato geriátrico visto por el veterinario es un paciente con tres puntos débiles: riñón, corazón y sistema glandular.

Del riñón siempre debemos enfrentar la enfermedad inflamatoria renal crónica; del corazón, las cardiopatías seniles comunes en todos los mamíferos y de las glándulas, disfunciones del tiroides (hipertiroideo/hipotiroideo) y del páncreas (diabetes).

La vejez del gato implica una baja significativa en su calidad de vida, lo cual motiva a tomar partido por la atención a sus puntos débiles. "Los gatos en la madurez deben tener un nivel normal de actividad y apetito; no obstante, los propietarios se dan cuenta que el veterinario se concentra en problemas relacionados con la edad, tales como la diabetes, la deficiencia renal y la salud dental" (Norsworthy, 2005).

La vida de nuestros amiguitos con garras tiene necesariamente que estar cubierta con cierto nivel de decoro. No podemos esperar a que la vejez haga su existencia insoportable para la familia y para el propio animalito. "Hay una gran diferencia entre estar vivo y sencillamente vivir" (B. Stein, 2005).

Y llega el momento de tomar la decisión: o dejamos al gato que nos acompañó en tiempos de duras y maduras vivir a como dé lugar o practicamos la eutanasia médica; es decir, ponemos el gato *a dormir*.

La eutanasia médica es algo molesto lo mismo para el propietario que para el veterinario. Ambos tienen una ética de la vida, pese a lo cual enfrentar esta situación embarazosa es ineludible.

Al decidir de manera impulsiva poner a dormir a su gato el propietario puede caer en un error de consecuencias incalculables. Conozco de personas que, pasados los años, se arrepienten de haber dado este paso en falso. El asunto va más allá de la decisión personal, por lo que digo y aconsejo: debe discutirse con todos los integrantes de la familia.

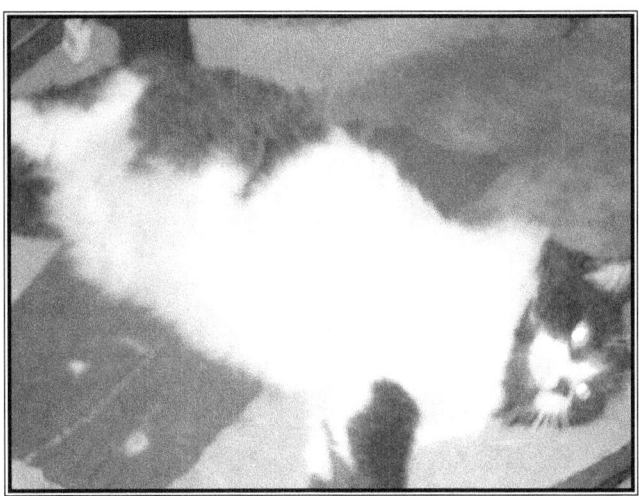

Hay una vida de mala calidad, pero no es vida.

El veterinario nunca podrá sugerir la eutanasia. Resulta bochornoso hacerlo; tampoco puede eludir la exigencia de su cliente de largos años. Aun así, debe tener la aceptación de todos los integrantes de la familia. En lo personal asumo a regañadientes y sólo con mis clientes esta obligación profesional. No acepto bajo ninguna oferta sacrificar a un animal viejo de alguien que busca un veterinario para ponerlo a dormir. En fin, un tema complejo que en muchas ocasiones nos enfrenta a un proceder díscolo, muy ajeno a las buenas normas de la práctica veterinaria.

El gato en el habla popular cubano

El gato en Cuba nunca había recibido el tratamiento de mascota que adquiere hoy. Me refiero al cariño y atenciones de todo tipo que se les brinda a los animales del hogar; sin embargo, su peculiar *modus vivendi* de cazar, comer, reproducirse; querer y malquerer al hombre, ha encontrado espacio en el habla popular nacional.

Pienso que esto ocurre con el gato en muchos países, se les quiera o no; se les cuide con esmero o se los coman en asados.

En Cuba llaman *gato* al ladrón ágil que penetra por los techos o escala las paredes para ascender a balcón o a la ventana de una vivienda para robar.

El término gato también se emplea para el niño o el joven ágil que se mueve con ligereza y que sube con facilidad a los árboles y postes del tendido público. Por lo general la expresión se emplea para denotar cierto grado de admiración.

En el habla popular se emplean las dos expresiones, diferenciadas por el uso del artículo indeterminado *un:* Ese tipo *es gato* (ladrón) y ¡Ese muchacho *es un gato!* (ágil). No suele emplearse ni con mujeres, ni con niñas; su uso se limita al género masculino.

El gato es el número cuatro en *la charada*, suerte de lotería popular clandestina que miles de cubanos juegan a diario con la esperanza de recibir la visita de la diosa fortuna. Una visita que casi nunca llega y, por el contrario, vacía, poco a poco, los bolsillos de esos incautos. ¡Horror!

El refranero popular es fuente inagotable de la sabiduría de los pueblos de habla hispana. En su comunicación cotidiana el cubano medio emplea mucho refranes de todo tipo. Algunos de ellos hacen referencia a nuestros pequeños felinos. He seleccionado varios:

Aquí hay gato encerrado. Se dice cuando se explican los hechos ocurridos y el asunto no queda del todo esclarecido.

Le estás buscando la quinta pata al gato. Se emplea cuando alguien está complicando un embrollo que recién comienza. Es, de hecho, una expresión de advertencia.

Cuando el gato no está en casa los ratones se divierten. El jefe o cabeza de familia ha salido y comienza el desorden, bien en el centro de trabajo o el hogar.

De noche todos los gatos son negros. La expresión tiene el sentido de minimizar los defectos presentes en uno de los miembros de una pareja cuando se acuestan a dormir.

Hijo de gato, caza ratón. Expresa que el vástago se parece en su actuar cívico y social a su padre, pudiendo ser persona adorable o despreciable por igual.

La gatica de María Ramos, que tira la piedra y esconde la mano. Ese personaje —hombre o mujer— que dice ser bueno y no lo es, aunque su imagen pública así lo representa. Equivale a *zorro, zorra.*

Tiene más vidas que un gato. Se dice de esas personas que sufren accidentes graves o episodios de salud complicados y salen airosos de todo percance. Se asocia a las siete vidas del gato. También se emplea la expresión: *Tiene siete vidas, como el gato.*

Dar gato por liebre. A pesar de que en Cuba no hay liebres, se emplea en asuntos de compra y venta cuando se recibe un producto de calidad inferior a la esperada.

Había sólo cuatro gatos. Expresión que narra la escasa asistencia de personas a una cita o espectáculo donde se esperaba una presencia mayor de participantes o público asistente.

Llevar el gato al agua. Salir victorioso de una competición o disputa. Superar toda dificultad o riesgo y al final saborear el triunfo. Ejemplo: si a usted le agradó este libro, si lo considera conveniente y convincente para las tantas personas que adoran a su gato, entonces puedo gritar a pleno pulmón: ¡Me llevé el gato al agua!

Índice

El libro de los gatos, de Walfrido López González,
fue impreso y terminado en febrero de 2015
en Encuadernaciones Maguntis, Iztapalapa,
México, D. F. Teléfono: 5640 9062.

www.ingramcontent.com/pod-product-compliance
Lightning Source LLC
Chambersburg PA
CBHW060258290526
45789CB00001B/353